繁栄への決断

「トランプ革命」と日本の「新しい選択」

大川隆法
RYUHO OKAWA

まえがき

本書の第1章は、本年十二月七日夜、千葉の幕張《まくはり》メッセ展示場を本会場として、全国、全世界に三千五百ヶ所の衛星中継をかけたエル・カンターレ祭での法話が収録してある。「予言」ととらえた方も多かろうが、エル・カンターレの本体意識の中の、地球創成《そうせい》をになった「アルファ意識」による、地球神の本心である。政治家やマスコミ、政治学者、評論家などの意見は、完全に超越《ちょうえつ》して、繁栄へと進む真理の道を示している。

第2章、第3章は、翌朝の十二月八日に幸福の科学の中で語られた、政治関連の補足《ほそく》論点である。既存の政治勢力や、マスコミ、経済界の思惑《おもわく》とはおそらく異なるだろうが、仏陀《ぶっだ》の考えと思って頂いてよい。

ロシアのプーチン大統領が来日する十二月十五日の午前九時に、このまえがきを書いているので、今後の報道に関しては一切《いっさい》織《お》り込まれていない。

二〇一六年　十二月十五日

幸福《こうふく》の科学《かがく》グループ創始者兼総裁《そうししゃけんそうさい》　大川隆法《おおかわりゅうほう》

繁栄への決断　目次

第2章　文明の盛衰《せいすい》を分ける政治のイノベーション

――政治の論点について

二〇一六年十二月八日　説法
幸福の科学　特別説法堂にて

第3章　ポスト・グローバリズムへの経済革命

――「政治の論点について」質疑応答

二〇一六年十二月八日
幸福の科学　特別説法堂にて

第1章

真理への道

――地球規模で進む繁栄《はんえい》への革命

二〇一六年十二月七日　説法《せっぽう》
千葉《ちば》県・幕張《まくはり》メッセにて

1　二〇一六年には幾《いく》つもの「革命」が起きた

小説や映画の世界に見る「新しい文化革命」

本年（二〇一六年）、立宗《りっしゅう》三十周年のエル・カンターレ祭を迎《むか》えるに当たりまして、みなさまがたの、日ごろの熱意溢《あふ》れるご活躍《かつやく》に感謝します。また、幸福の科学のこの一年の活動を振《ふ》り返りつつ、来年（二〇一七年）以降の展望を語るべきだと考えています。

さて、昨年（二〇一五年）のエル・カンターレ祭において、私は、「二〇一六年は、革命の年になるであろう」と述べました（『伝道の法』〔幸福の科学出版刊〕第6章「信じられる世界へ」参照）。

それについて、「現実はどうであるか」ということですが、まず、霊的《れいてき》な意味においては、「この日本の国に、霊魂《れいこん》の転生輪廻《てんしょうりんね》や、あの世の世界の存在、あるいは霊言《れいげん》というものの存在を認めるような文化現象が幅広《はばひろ》く見受けられた」と言えるでしょう。必ずしも、幸福の科学の力であると言われているわけではありませんが、その底流には、当会が三十年間積み重ねてきた信用があると思います。

例えば、本年度の年間ベストセラーにおいて、（取次《とりつぎ》店発表によれば）総合で一位になった、石原《いしはら》

2016年12月7日、千葉県・幕張メッセで行われたエル・カンターレ祭法話「真理への道」。世界約3500カ所に同時中継された。

慎《しん》太《た》郎《ろう》さんの『天才』という本があります。これは、「田《た》中《なか》角《かく》栄《えい》氏が霊言をした」という設定の下《もと》で書かれたフィクションではありますが、そういう本が一月に出されたわけです。

もちろん、本物の霊言とはかなり違《ちが》ったものにはなっていましたが、それでも、「ベストセラーを狙《ねら》う出版社が、『霊言ブームにあやかりたい』という気持ちで、一月から勝負をかけ、広告代をかけて、それを達成した」ということは紛《まぎ》れもない事実です。「衝撃《しょうげき》の霊言！」と書かれた広告を一月に見た覚えがありますが、さぞ、当会がうらやましかったことでしょう。ただ、こちらは毎年出せるので、特に焦《あせ》りはしませんでした。

また、夏には、映画「君の名は。」が公開されました。「君のまなざし」ではなく、「君の名は。」のほうですが（会場笑）（注。本法話《ほうわ》の前に、映画「君のまな

『天才』
（石原慎太郎著、幻冬舎刊）

ざし」の紹介《しょうかい》映像が上映された。大川隆法製作総指揮による十一作目に当たる作品で、二〇一七年初夏公開予定)、このアニメ映画は、興行収入が二百億円を超《こ》えたということで、邦画《ほうが》では歴代二位の動員数を誇《ほこ》っているようです(講演時点)。

しかし、この作品にしても、「魂《たましい》の入れ替《か》わり」とか、「運命」とかいったものを信じなければ成り立たないような内容だったのではないでしょうか。

さらには、先ほど前座で、当会の〝にわかバンドグループ〟が歌を歌っていましたが、あのグループのほうが、RADWIMPS《ラッドウィンプス》より、よほどうまいような気が私はしてしかたがないんですけれども、これは手前味噌《てまえみそ》の話です(笑)(注。本講演の事前プログラムとして、ニュースター・プロダクションの大川宏洋《ひろし》社長

映画「君の名は。」
(2016年公開／東宝)

によるバンドライブが行われた）。

そのRADWIMPSの歌った映画「君の名は。」の劇中歌（「前前前世《ぜんぜんぜんせ》」）に使われていた、「前前前世から」という一節が、人々の心に非常に食い込《こ》んだような気がします。

ただし、「前前前世から」という歌詞が成り立つということは、その前提として、「魂があり、霊界《れいかい》があり、何度もの転生輪廻があり、その過程で、数多くの人たちがさまざまな結びつきや絆《きずな》を持っているのだ」という世界観があるわけです。つまり、この世界観を多くの人たちが受け入れたということでしょう。「これは、幸福の科学を受け入れる前の段階である」と考えてもよいのではないかと思います。

そういう意味では、文化的、ソフト的な要素を持った革命もありました。この流れが、来年以降、だんだん、文学や芸能の世界でもアピールされ、次第《しだい》に、現在の日本の精神的土壌《どじょう》が覆《くつがえ》っていくこと、変わっていくことを大いに希望しています。

そのために、当会では、メディア文化事業局でも努力していますし、ニュースター・プロダクションという芸能系の株式会社もつくりました。今、全国民に向けて、あくまでも文化的なプロモーションで、そうした文化的底流でもって、大きな流れをつくろうとする動きを始めています。

これは、「新しい挑戦《ちょうせん》」であり、一つの「創造的破壊《はかい》」だと思っていただいて結構です。

そのように、「一般《いっぱん》の方々も巻き込んだかたちでの、新しい文化革命を起こしていきたい」と考えているのですが、こちらは、平和な路線での革命でありましょう。

「トランプ・ショック」ではなく「トランプ革命」と呼ぶべき

もう一つは、政治の方面になりますが、二〇一六年には、革命と思えるものが幾《いく》つかありました。

なかでも、いちばんインパクトが大きかったものは、アメリカの大統領選において、ドナルド・トランプ氏が当選したことだと思います。

これについては、いろいろな言い方はあるかもしれません。本講演の開演前に上映されていた私の著《ちょ》書《しょ》のPR映像のなかでも、「トランプ・ショック」という言葉を使っていましたが、その言い方は、すでに時代遅《おく》れでしょう。もはや、「トランプ革命」と呼ばなければいけない時代に入っているのです。

日米の信頼関係が、再び世界をリードする。
『トランプ新大統領で世界はこう動く』
（幸福の科学出版刊）

なお、今までであれば、幸福の科学にとって、アメリカ大統領選など、それほど大きく関係するものではなかったと思います。しかし、今回に関しては、当会の北米本部がそうとう動きました。最後の十日間ぐらいで、ヒラリー・クリントン氏の優位を引っ繰《く》り返すために、全米で活動したのです。その結果、かすかなところで〝逆転〟できたように思います。

その意味では、昨年述べた、「われわれの力で、革命の年をつくろう」ということが、日本レベルではなく、まずは世界レベルで先に起きてしまったと言えるのではないでしょうか。

当会では、いろいろな広告にも出ているとおり、本年の一月にトランプ氏の守護霊《しゅごれい》霊言を出し、そのなかで、彼の過去世《かこぜ》が、アメリカの初代大統領、ジョージ・ワシントンであることを明らかにしました（『守護霊インタビュー　ドナルド・トランプ　アメリカ復活への戦略』〔幸福の科学出版刊〕参照）。つまり、そこから引き出される結論として、「十一月にはトランプ氏が当選するだろう」という結果が予想されたわけです。

今、ジョージ・ワシントンがアメリカに出るとしたら、その理由は、アメリカの革命のため以外にありません。したがって、ここで勝たなかったら、天《てん》上界《じょうかい》の期待の結果が、あるいは計画が、まったく〝ご破算《はさん》〟になってしまうと私は考えたのです。そこで、一月から、そういう考えの下で国際政治の方向性を読み、動かしてきました。

守護霊インタビュー
ドナルド・
トランプ
アメリカ復活への戦略
大反響！
「トランプ大統領」なら、
世界はどうなる!?
そして、日本は？
大川隆法
トランプ氏の過去世を明らかにした『守護霊インタビュー ドナルド・トランプ アメリカ復活への戦略』(幸福の科学出版刊)。

今上陛下《きんじょうへいか》が「生前退位」を思いとどまられたほうがいい理由

さらには、日本でも、さまざまなことが起きたのではないでしょうか。

一つには、今上《きんじょう》天皇の生前退位の問題が出てきています。

確かに、国民の多数も、「八十二歳《さい》というご高齢《こうれい》であるから、しかたがないのではないか」と容認する考えが強くありますし、その方向で検討もなされているでしょう。また、私もあまり生々《なまなま》しい政治の現実に踏《ふ》み込みたくはないとは思っています。

しかし、私としては、「これは、天皇陛下《へいか》の『第二の人間宣言』に当たるのではないか」というのが率直《そっちょく》な感想でした。

やはり、天皇制とは、単なる組織や機関の一部として存在しているだけではなく、実は宗教的存在でもあります。それを、もしかしたら、皇室の方々も軽く見ておられるのではないかという気がするのです。

不遜《ふそん》であってはいけないとは思いますが、「ご自分が、天照大神《あまてらすおおみかみ》の肉体子孫であるということをお認めになりますか」とお訊《き》きした場合、今上陛下は、何とお答えになるのでしょうか。そのお答えが、皇室の未来を指し示すことになると思うのです。

国民は皇室を尊敬しています。また、幸福の科学としても、日本の文化と同じく皇室を尊重していますし、やはり、皇室とは、御神事《ごしんじ》を行《おこな》っているところであって、「国家の安寧《あんねい》」と「世界の平和への願い」を発信するところだと考えているのです。その意味で、「会社の社長のように引退する」というわけにはいきません。

実は、多くの宗教においてもそうなのです。宗教の教祖は、死ぬまで引退ができません。もちろん、私も同様です。生前退位はできないのです。やはり、それだけの重みがあります。

なぜなら、天上界より使命を帯《お》びてこの地上に生まれた以上、この地上に存在していること自体が、「時代への光」となるからです。

この問題については、これから、いろいろな議論がなされると思うので、あまり介入する気はありません。

しかし、もし、会社の社長が考えるような意味において迷いがおありになり、天皇皇后《こうごう》両陛下が、「元気なうちに、海外を私的に旅行したい」ということを実現されたいのであるならば、国民の皇室への尊敬の念は薄《うす》れてくるでしょう。そして、皇室の存続には厳しい予想が立ってくるはずです。

どうか、思いとどまられることをお祈《いの》り申し上げたいと思います。ただ、これ以上については申し上げません。

2 「中心軸《じく》を失った政治」では、国が滅《ほろ》びる

経済でも外交でも未来が見えていない安倍《あべ》首相

日本の政治においては、まず、経済面の問題があります。アベノミクスによる経済改革が、最初はうまくいっていたものの、だんだん失速してきました。

そのポイントは、ただ一点でしょう。幸福の科学が、「アベノミクスを成功させるためには消費税上げをしてはならない」と繰《く》り返し述べていたにもかかわらず、それを聞き入れませんでした。この一点で、アベノミクスは崩壊《ほうかい》し、失速したのです。

なお、トランプ氏が次期アメリカ大統領に選ばれた結果、アベノミクスとはま

ったく関係なく、株高も円安も進みました。つまり、日銀の金融《きんゆう》政策は要《い》らなかったわけです。

それを、安倍《あべ》首相は、自《みずか》ら不況《ふきょう》になるようなことを実施《じっし》しておきながら、「道半《なか》ば」などと言うのはいかがなものでしょうか。

これが、経済面に関する、私の感想です。

もう一点は、外交面の問題です。

安倍首相は、外交面で、「地球儀俯瞰《ちきゅうぎふかん》外交をしたい」と言っていました。要するに、地球を上から見るような外交、言い換《か》えれば、（地球神の）エル・カンターレの目で見るような外交をしたいと言っていたわけです。ところが、どうやら、これも失速したように見えます。残念ではありますが、見通しがついていないのが悲しいところでしょう。

例えば、安倍首相は、トランプ氏が当選したあと、大統領就任前にもかかわらず、トランプ・タワーまで会いに行きましたが、これについて、ホワイトハウスのほうから厳しくクレームを入れられています。

また、年末には、オバマ大統領がハワイで保養されるので、安倍首相も、そのときにハワイに行き、共に真珠湾攻撃《しんじゅわんこうげき》の犠牲者《ぎせいしゃ》を慰霊《いれい》するようです。まさに、ダッチロールしているとしか言いようがありません。

やはり、こういう際には、はっきりしなくてはいけないのです。「トランプ革命」が起きたなら、そちらについていかなければなりません。あと一カ月ぐらいで任期を終えるオバマ大統領のご機嫌《きげん》を取っているような日本の首相は駄目《だめ》なのです。

これは、何も分かっていないことを世界に示しているのと同じでしょう。未来が見えていません。来年以降がまったく見えていないのです。

オバマ大統領は、八年間の政治をアメリカ国民によって否定された方です。そういう方の「最後の労《ねぎら》い」に行くようでは、次のトランプ氏との関係は非常に際《きわ》どいものになるでしょう。安倍首相は思いとどまるべきだと、私は考えます。しかし、左翼《さよく》系のマスコミは、安倍首相が慰霊に行くことをほめ上げるかもしれません。彼らは、オバマ大統領に好意を持っているので、きっと、ほめ上げるだろうと思います。

確かに、オバマ大統領は、人間的にはいい人です。また、宗教的人格も持っているでしょう。

ただ、彼は、「アメリカを滅《ほろ》ぼすこと」が好きすぎます。そこが問題であるから、私は、「替《か》えるべきだ」と述べてきたのです。

さらに言えば、今年の九月、安倍首相は、選挙戦の前に、ヒラリー・クリントン氏ともアメリカで会っています。

外務省は、予測をすべて間違《まちが》えました。それは、私の本を読まなかったためです。まことに残念なことだと思います。

政府の判断ミスで遠のいた「北方領土の返還《へんかん》」

やはり、「智慧《ちえ》の力」とは、それほど大事なものであるわけです。見通しを間違えれば、一国が滅びることすらあるのであって、その「厳しさ」を知っていなければなりません。

今、「トランプ革命」に続いて、いろいろなところで政情が不安定になってきつつあります。

ＴＰＰ（環《かん》太平洋戦略的経済連携《れんけい》協定）の旗振《はたふ》り役をしたニュージーランドの首相も、「辞《や》める」と言っています。イタリアの首相も、国民投票に敗れて「辞める」と言っています。その他、いろいろな国において、政権がどうなるか分からない状態が、今後、続いてくることでしょう。

あるいは、今、韓国《かんこく》でも、見たことのない、二百万人規模の大デモが起きて、大統領の退陣《たいじん》運動をやっています。できれば、一年前にやってほしかったとは思います。そうすれば、慰安婦像を全世界にばら撒《ま》かずに済んだのです。ただ、一年遅《おく》れではあるけれども、「なるべくして、本来進むべき方向に向かっている」と言わざるをえないでしょう（注。本講演後の十二月九日、韓国国会本会議で朴《パク》槿恵《クネ》大統領の弾劾《だんがい》訴追《そつい》案が賛成多数で可決された）。

やはり、これからは、「すべての人」あるいは「すべての国」に、いい顔をした外交はできないのです。向かうべき方向をはっきりと見定め、選ぶこと、決断することが大切になります。そして、取るべきものを取り、捨てるべきものを捨てることが大事です。

この「正義の確立」こそ、今年一年間、私が訴《うった》え続けてきたことなのです。

来週には、プーチン大統領と安倍首相が、山口県で温泉に浸《つ》かりながらお話しされるといいます。それに関して、私は、細《こま》かいことを言うつもりなどありません。ふぐ料理もいいでしょう。温泉も気持ちがいいと思います。二人が仲良くなれるといいとは思っているのです。

ただ、一言《ひとこと》だけ申し上げておきます。

私は、これまで、日本政府に対して、「ロシアとの関係を密にしなければ、今後の世界の方向はつくれない」ということを述べてきました。ところが、EUに足並みを揃《そろ》え、横並びでロシア制裁に参加したために、北方領土問題の解決は遠のいたのです。これは、「政府の外交のミスだ」と判断してよいと思います。

もし、私の意見をきいて、ロシアに対する経済制裁をせず、「大半はロシア系住民が住んでいるクリミアにおいて、プーチン大統領が〝邦人《ほうじん》保護〟のために動いたことに一定の正当性がある」ということを認めたならば、今年、少なくとも北方四島のうちの二島は返ってきたでしょう。この機会を逃《のが》したのは、現在の外務省と安倍政権です。

この「見通しのなさ」については、十分に反省してもらいたいと思います。まさに、行き当たりばったりで、基本的な理念や方針がありません。まことに恥《は》ずかしいことです。

靖国《やすくに》では慰霊《いれい》できないのに、なぜハワイではできるのか

もう一つ付け加えるならば、先ほども述べましたが、十二月の終わりに予定されている安倍首相の「ハワイ訪問」についてです。

その際、パールハーバー（真珠湾《しんじゅわん》）での攻撃に対して反省を兼《か》ねるかどうかは知りません。慰霊《いれい》に行くのは個人の勝手ではあるでしょう。

しかし、オバマ大統領が今年五月に広島に来たときに、彼は、「空から死が降ってきた」と語りました。この言葉だけで止《と》めたわけです。「原爆《げんばく》を落としたの

は誰《だれ》か」ではなく、「空から死が降ってきた」という言葉を語りました。

安倍首相がパールハーバーに行き、これと似たような文句《もんく》で、「空から爆弾が降ってきた」とでも言うのかどうかは知りませんが、もし、「日本軍がそれをした」ということを言うつもりであるならば、一言申し上げておきたいと思います。

先の大戦で死んだ日本人は、三百万人です。一方、死んだアメリカ人は三十万人です。日本人はアメリカ人の十倍、死んでいるのです。まず、この事実を知っておいてください。これが一つです。

さらに申し上げましょう。

首相官邸《かんてい》から、わずか数分の靖国《やすくに》神社に祀《まつ》られている二百五十万●の英霊《えいれい》に対し、慰霊することができないにもかかわらず、ハワイに慰霊に行ける首相とは、いったい何者であるのか。

「日本国の首相が靖国神社に慰霊することは、政教分離《ぶんりいはん》違反になり、憲法の定

●**二百五十万の英霊**　第二次大戦での日本人死者（民間人含む）は約 300 万人だが、靖国神社には、幕末の志士や明治以降の戦争で戦死した軍人・軍属・学徒・従軍看護婦など、計約 247 万柱が祀られている。

めているところに反する」という主張が正しいとするならば、ハワイへ慰霊に行くことも政教分離違反のはずです。

また、「慰霊」という言葉を安易に使ってほしくありません。これは、宗教的な考え方であるのです。

あるいは、天皇陛下《へいか》も海外には慰霊に行かれましたけれども、海外に行けて、靖国神社や沖縄に今、慰霊に行けないようでは、「日本として、国の自覚が足りない」と言わざるをえないでしょう。

今、日本の国は、政治の中心軸《じく》を失っています。考えているのは、マスコミからできるだけ多くの支持を集めることであり、その結果を予想することです。そして、世界各国の首脳のご機嫌を取ることです。これが中心なのです。

まったく恥ずかしいかぎりです。

理念なき政治は恥ずかしい。世界のリーダーになれない政治的発信は恥ずかしい。私は本当にそう思います。

もしかしたら、この国のマスコミが言うことをきいてくれないので、マスコミ受けすることだけを言いたいのかもしれません。

しかし、それならば、あの「トランプ革命」とは何ですか。トランプ氏は、マスコミを敵に回して、自分の言いたいことを言い続けました。それで勝ったのです。

また、アメリカの国民は、一部マスコミの意見を鵜呑《うの》みにすることなく、自分たちで自分たちの未来を切り拓《ひら》こうとしました。

同じく、この日本も、まず考え方をまとめて、やるべきことをやっていくことこそが大事なのです。

もちろん、職業としてのマスコミの人たちを嫌《きら》っているわけではありません。

私も、マスコミの発信内容をよく読んでいます。あるいは、聞いています。観《み》ています。彼らは、大事な仕事をしていると思います。

ただし、マスコミの人たちには、天上界《てんじょうかい》の声が聞こえないのです。あるいは、石原慎太郎《いしはらしんたろう》さんの小説を読んでも天上界の声は分かりません。

それが分かるのは、幸福の科学だけです。幸福の科学の本と講演を通じてのみ、分かるのです。

私は今、みなさまがたの前で言いたい。「この日本という国は、もう一段、二段、三段、偉大《いだい》なる国となるべく計画されている国である」ということを。

それができないでいるのは、私たちが、まだ十分な仕事をできていないからだと思っています。この点、私自身も強い反省を感じていますし、残りの人生を、不惜身命《ふしゃくしんみょう》の思いでもって生きる覚悟《かくご》です。

そして、日本中に、また、全世界に、「正しい神の教えに向いた、政治的、経済的、宗教的、文化的、未来産業的、教育的方針」を示すつもりでいます。

3　今後、日本が取るべき国家戦略とは

五年以内にアジアで大きな軍事的衝突《しょうとつ》が起きる

まず、私は、アジアの平和を護《まも》ります。

今のままであれば、おそらく五年以内に、アジアで大きな軍事的衝突《しょうとつ》が起きるでしょう。はっきり言えば、これは、トランプ氏の登場と軌《き》を一《いつ》にして起きることです。左翼《さよく》的なマスコミからすると、時代が悪くなるように見えるかもしれません。

しかし、もっと長い目で見たならば、これもまた「創造的破壊《はかい》になる」と思います。

日本は今、アメリカと共に、もう一度、国力の立て直しを図《はか》り、世界の中心軸《じく》がどこにあるかを明確に示さねばなりません。「神の下《もと》の民主主義」であり、「神の子が集《つど》っての民主主義的繁栄《はんえい》である」ことを再確認しなければならないのです。

私が幸福の科学の活動を始めたとき、世界の人口は、まだ五十億人程度だったでしょう。それが今、世界は、七十億人を超《こ》えた人口を擁《よう》するまでになっています。つまり、私たちの教えが広がるよりも、世界の人口が増えるほうが速いのです。

こういう時代に求められる最も積極的なことは何でしょうか。それは、数多くなった世界の人々が飢《う》えず、幸福に暮らしていける発展的な方法を生み出すことです。基本的には、私もこの方向を指し示しています。

しかし、過去の歴史を見るかぎり、こういう時代には、別なことが起きています。その一つは、「戦争」です。もう一つは、「天変地異・災害」です。

これらのことが選択肢《せんたくし》として用意されており、そうしたなかを、私たちはいつも歩んでいるのです。

「トランプ革命」の持つ本当の意味とは

中国は今、軍事的覇権《はけん》をもって世界の大国になろうとし、アメリカに覇権戦争を挑《いど》んできました。そして、オバマ大統領の時代に、アメリカは後退したわけです。

しかし、トランプ氏の場合は、そうはいかないでしょう。それは、大統領就任前に、台湾《たいわん》の蔡英文《さいえいぶん》総統に電話を入れたところからも分かるだろうと思います。あるいは、キューバに対して、「民主化をせよ」と圧力をかけたところや、ロシアのプーチン大統領と友好的に付き合おうとしているところからも分かるはずです。

では、台湾の蔡英文総統に電話を入れ、ロシアのプーチン大統領と友好的に接近しようとしている人が考えていることとは何でしょうか。それは、「中国の覇権を止める」ということです。これが、「トランプ革命」の本当の意味なのです。

私たちは、これを見逃《みのが》してはなりません。

ただし、それが分かるのは来年以降でしょう。トランプ氏の本心が少しずつ分かってくるだろうと思います。今はまだ、外務省にも首相官邸《かんてい》にも分かりません。

しかし、私には分かっているのです。

哲学《てつがく》を持って「国家戦略」を決めよ

ちなみに今、外務省は首相官邸と話し合って、「秋田犬をプーチン大統領に贈《おく》るかどうか」という相談をしているようですが、〝気の毒〟だと言うしかありません。相手は、そんなもので心を動かすような人ではないのです（注。本講演の翌日、ロシア側から日本政府に秋田犬の贈呈《ぞうてい》を断る旨《むね》の連絡《れんらく》が入った）。

それは、トランプ氏も同じでしょう。

もっと大きな思想や哲学《てつがく》でもって、自分の国を変え、世界を変えていこうとしている人たちの前で、姑息《こそく》な〝ご機嫌《きげん》取り〟をしても意味はないのです。本気で、ズバッと、日本の立場や考え方を主張しなければいけません。私は、これまでに、そのための材料を数多く出してきました。

ただ、安倍《あべ》首相は、プーチン大統領との会談に勝てないでしょう。プーチン大統領の性格からして、ロシアに経済制裁を科したことを許さないはずなので、おそらく大きな前進はないだろうと思います。経済協力の範囲《はんい》を確認し、「今後も話し続ける」というあたりで落ち着くのではないでしょうか。

しかしながら、北方四島の問題をいったん棚上《たなあ》げしてでも、平和条約を結ぶべきだと、私は考えています。そうしたほうがよいのです。

実際のところ、日本が「返してほしい」と言っている北方四島のうちの二島は、ロシアにとって大したものではありません。

本当に大切なものは、「国家戦略」です。国家戦略として、「日本がロシアとどう組むか」「アメリカとどう組むか」「世界をどうするか」といったことを決めることが大事なのです。そういう意味では、北方四島のことなど、本当はどうでもいいことであるし、プーチン大統領も、そう思っているでしょう。

やはり、国家戦略とは、温泉に浸《つ》かりながら裸《はだか》で日本酒を飲んだぐらいで片付くものではありません。哲学が要《い》るのです。

確かに、もう一歩前進させることができた日露《にちろ》関係を、日本の失敗により、そうできなかったのは残念なことではありましょう。

しかし、日本が、ロシアとの関係を強化し、アメリカとの関係を強化することが、次の「対中国戦略」につながるのです。

例えば、中国には、まだ世界のどこの国も持っていないミサイルがあります。

それは、千六百キロの距離《きょり》を飛び、マッハ一〇の速度で上空からアメリカの空母の甲板《かんぱん》を貫《つらぬ》いて破壊するミサイル（東風21D）です。

これは、中国しか持っていません。アメリカは、このミサイルに対抗《たいこう》する手段をつくらなければならないのです。

そして、そのための方法は、〝スター・ウォーズ〟ということになります。次は、「宇宙戦争の時代」に入るのです。

それは、「どちらが先に、相手の人工衛星と宇宙ステーションを壊《こわ》すか」という戦いです。そして、その戦いは、コンピュータの系統を狂《くる》わせてしまうという戦いから始まるわけです。

中国が開発した中距離地対艦ミサイル「東風21D」。「空母キラー」とも呼ばれている。

そのとき、日本はまったくの蚊帳《かや》の外に置かれることになるでしょう。しかし、これこそが、すでに秒読みが始まっている「次の戦い」の真相なのです。

要するに、まったく地上での砲火《ほうか》を交えることなく、宇宙のなかで戦争が行われます。ある日、突然、人工衛星や宇宙ステーションが破壊されることで戦いが始まり、そして、終わるのかもしれません。私たちは、その行く末を見なければならないのです。

この新しい思想を、中国・ロシア・インドに打ち込《こ》みたい

もちろん、私は中国が嫌《きら》いなわけではありません。中国は、偉大《いだい》なる孔子《こうし》を生んだ国です。また、道教《どうきょう》の国であり、仏教が長らく繁栄を保った国でもあります。

私は、「この国をもう一度、真理の国に変えたい」という強い願いを持っているのです。

それは、政治的な民主主義だけを言っているのではありません。仏法真理《ぶっぽうしんり》、神の真理が入り、「信教の自由」「言論の自由」「表現の自由」を国民に与《あた》えた上で、秩序《ちつじょ》を維持《いじ》できる国家をつくりたいのです。

また、ロシアにおいても、すでにロシア正教が復活してきていますが、日本からの力で、よりいっそう、宗教改革を推《お》し進めていきたいと思っています。

さらに、取り残されているものとして、インドの宗教があります。なかでも、「ヒンドゥー教」には、インドの十三億人の人口のうち、十億人近くの信者がいるのです。この宗教は、多神教ではありますが、それ自体はよいでしょう。ただ、インドの後《おく》れをつくっているのは、多神教のなかにある「寛容《かんよう》さ」ではありません。原因は、多神教のなかに「合理的思考」がないことなのです。

したがって、私は、「合理的思考」と「多神教」とを融合《ゆうごう》する、そういう新しい思想をインド大陸に打ち込《こ》みます。

こうしたことが、幸福の科学の仕事なのです。

そして、アジアの海を、大きな戦争が長く続くことなく、できるだけ早く平和の海にしたいと思います。また、アフリカの国々も、豊かな国々へと変えていきたいと考えているのです。

4 「自助努力からの発展・繁栄《はんえい》」の思想を世界へ

幸福の科学の活動を始めたときと比べて、世界の人口は、五十億人から七十数億人になりました。やがて、百億人に近づいていくでしょう。

そうしたなかで、もし、アメリカにおいて、オバマ政権からヒラリー・クリントン氏へと流れるリベラルの考え方が勝ち続けていたならば、どうなっていたでしょうか。やはり、「豊かな層からお金を取り、社会福祉《ふくし》として貧しい者に撒《ま》けば、みなが幸福になる」という考えが続いたわけです。

確かに、世界の人口が変わらないのであれば、そういう考え方にも一定の合理性はあると思います。しかし、世界の人口が増えているならば、豊かな人からお金を取って、貧しい人に撒いたとしても、だんだんとその力は届かなくなってくるのです。

だからこそ、私たちは、「国家レベル」での、政治や経済、貿易の仕組みを変えていくと同時に、「個人のレベル」で、自分の考え方を変え、心を変えていかねばなりません。そうすることによって成功し、発展することができる人を、世界中で数多くつくっていく必要があるのです。

例えば、今、ＥＵとして、ヨーロッパの諸国が連合しても、弱者連合であるために、社会福祉的な思想が中心になっています。豊かな国は一部しかありません。ＥＵに入りたがっている国は、貧しい国ばかりです。そして、そこからたくさんの難民が次々と流れ込《こ》んできています。

やはり、ここで必要なことは、「自助努力からの発展・繁栄《はんえい》」です。そして、その自助努力の考えが、単なる利己主義になることなく、利他《りた》の思いへと変わっていくことが大切なのです。

確かに、自助努力によって成果を得た人は、ともすれば、利己主義者になるでしょう。これに対して、私は、最初から『太陽の法』（幸福の科学出版刊）のなかで教えを説いています。それが、「愛とは与《あた》えることである」という真理です。

「愛とは奪《うば》うことである」と思っている人には、この言葉は永遠に理解することができないかもしれません。しかし、「愛とは与えることである」と看破《かんぱ》した者には、その意味が分かるはずです。

自分を磨《みが》き、鍛《きた》え、大きくし、成功し、豊かにし、そして、国をも豊かにした人たちは、世界をも豊かにすることができます。今、ＥＵにも、ヨーロッパにも、幸福の科学型の考え方を、もう一度、打ち込まなくてはいけないのです。そうし

創世記や愛の発展段階、悟りの構造などを解き明かした、幸福の科学の基本書。
『太陽の法』（幸福の科学出版刊）

なければ、ＥＵにも未来はないでしょう。

「トランプ革命」を一つのきっかけにしつつ、幸福の科学が今まで説いてきた教えを伝えていかなければなりません。個人個人が、自分の心を変えることによって歩む「自己変革」と「悟《さと》り」への道は、同時に、世界を「愛の国」「幸福の国」「地上ユートピア」へと変えていく道でもあります。そういう道を選び取らなければならないのです。

私たちは、すでに世界百カ国以上で活動をしています。その上で、日本全国の人々に、そして、全世界の人々に訴《うった》えたいのです。

どうか、私たちに翼《つばさ》を与えてください。

私たちは、世界を幸福にする「権利」を主張している者ではありません。その「義務」を主張している者です。私たちは、世界を幸福にする義務を負っている団体なのです。

だから、全国の人々よ、全世界の人々よ。幸福の科学に、もう一段高く羽ばたけるだけの翼を与えてください。

来年（二〇一七年）は、『伝道の法』（前掲《ぜんけい》）の年です。伝道し、数多くの仲間をつくり、世界を、愛と幸福に満ち満ちたものに変えていこうではありませんか。

頑張《がんば》ってまいりましょう。ありがとうございました。

人はどこから来て、死後どこに行くのか。人生の疑問に答える一冊。
『伝道の法』（幸福の科学出版刊）

第2章

文明の盛衰《せいすい》を分ける政治のイノベーション

――政治の論点について

二〇一六年十二月八日　説法《せっぽう》
幸福の科学　特別説法堂にて

1　「カジノ法案」「休眠《きゅうみん》預金活用法案」に見る安倍《あべ》政権の問題点

気になる政府の二つの動き

昨日《さくじつ》の十二月七日の夜に、千葉《ちば》県・幕張《まくはり》メッセで、「真理への道」と題して講演を行いました（本書第1章「真理への道」参照）。いろいろな国際政治的な問題を含《ふく》めながら、宗教的なことも踏《ふ》まえて話をしたのですが、当会は政治的な活動もしていますので、二〇一六年全体、あるいは二〇一七年に向けての政治の論点を整理すると、まだ足りない部分もあったのではないかと考えています。

そこで今日は、昨日《きのう》の講演で語り尽《つ》くせなかった部分について、追加で話をしてみようと思います。

昨日話そうと思っていて漏《も》れた論点の一つは、今、安倍《あべ》政権が短期間で通そうとしている「カジノ法案」、詳《くわ》しくは「統合型リゾート（ＩＲ）整備推進法案」といわれているものです（注。本法案は、十二月十五日未明、衆院本会議で可決・成立した）。

これについては、政権と野党とでかなりの論戦があり、野党のほうもけっこう議論が立っていたようではあります。

この、日本にカジノをつくろうとする構想に対し、何か一言《ひとこと》言わなければいけないと思っていました。

また、もう一つ、最近のニュースで気になっていたのは、銀行などで個人が十年以上、預けたり引き出したりしていない口座の預金を、政府が他の用途《ようと》に使うというものです（注。十二月二日の参院本会議において、金融《きんゆう》機関に預けられたまま十年以上出し入れがない預金を公益活動に充《あ》てる「休眠《きゅうみん》預金活用法」が可決・成立した)。

実は、休眠預金の問題については昔から言われていることではありました。私も銀行関係者との付き合いがあったので、ある人から、「口座をたくさん開いてもらうと、預金した人が引っ越《こ》ししたり転勤したりしているうちに忘れて、そのままになり、使うのを忘れてしまっている。けっこう〝歩留《ぶど》まり〟があって、これがなかなかおいしいんですよ」というようなことを言われ、「うん？　そういうことを考えているのか」と思った覚えがあります。今、政府のほうが、これに目をつけているわけです。

共産主義と似た部分が出てきた安倍政権

現在、十年以上出し入れされていない預金が全国で毎年一千億円ぐらい発生していると推定されているようですが、実際にはもっとあるかもしれません。

確かに、引っ越しや転勤等を繰《く》り返すなかで、そのつど通帳をすべてチェックしたりするのも難しいことかもしれません。また、ここ二十数年の間には銀行の統廃合《とうはいごう》もそうとうあったので、旧《ふる》い銀行の通帳を持ったままの人もけっこういると思います。

仕事を持っている人だと、平日の昼間から銀行に行くのはそれほど楽なことではありません。面倒《めんどう》なので放っておくうちに、十年ぐらいはあっという間にたってしまうものです。

そういう〝歩留まり〟がある預金は、銀行が今まで知らん顔をして〝ネコババ〟していたのかもしれないところもあるのですが（笑）、政府のほうもそれに目をつけているわけです。

要するに、「十年も預金を出し入れしなかったのだから、本人はどうでもいいと思っているのだろう。権利を放棄《ほうき》していると見なして、それを恵《めぐ》まれない子供たちの奨学金《しょうがくきん》のようなものに使ったり、地方の振興《しんこう》のために使えばいい。そういう目的のために使う」というようなことが、何日か前に、新聞の小さな記事で出ていました。

これは小さな記事ではあるのですが、安倍政権の特徴《とくちょう》がよく出ているような気がしてしかたがありません。「他人《ひと》の懐《ふところ》のなかに手を突《つ》っ込《こ》んでお金を取る感じ」が、非常によく出ているのです。多少、〝さもしい感じ〟がしなくもありません。

銀行口座から移し忘れたり抜《ぬ》き忘れたりしたお金にまで政府が手を伸《の》ばして〝没収《ぼっしゅう》〟し、それを使いたいのかという気もしますが、「いいことのために使うので構わない」という考え方なのでしょう。

ただ、「結果や目的がよければ手段は選ばない」というような考え方をするのは、共産主義的な考え方なのです。共産主義の暴力革命では、革命成就《じょうじゅ》という目的が正当であれば、途中の経過や手段は問わないところがあり、「銃口《じゅうこう》から革命が生まれる」とも言っています。「人を銃で撃《う》ち殺したとしても、革命が成就しさえすればよいのだ」といった考え方なのです。

これに対して、「適正な手段でもって政治目的を成就する」というのが法治《ほうち》主義や民主主義的プロセスによる政治改革でしょう。そのほうが近代的な考え方だと思うのですが、マルクス主義のなかには、そういう暴力革命の思想がはっきりと残っています。

なお、日本では「共産党」も政党として認められているとは思いますが、いまだに警察の公安からは「破防法《はぼうほう》（破壊《はかい》活動防止法）」の調査対象団体として警戒《けいかい》され、ウオッチされ続けています。要するに、暴力革命を肯定《こうてい》しているからでしょう。したがって、イスラム・テロのことを言わなくても、共産主義も結果や目的がよければ手段は選ばないわけで、そういうことができるということです。

その意味で、安倍政権は共産主義と似ている部分が出てきたのではないかと思います。

「カジノ法案」に潜《ひそ》む危険性と安倍政権の思惑《おもわく》とは

その休眠預金に関する法案と似ているものを「カジノ法案」でも感じました。要するに、政権としては、カジノ自体が目的というよりは、お金を使わせたいのだと思うのです。タンス預金も含めて、何とかして預金を引っ張り出させ、消費させたいのでしょう。

昔からよく言う、「江戸《えど》っ子は、宵越《よいご》しの金は持たねえ」という感じのことを、現実経済のなかでやらせたいというのが、安倍政権がこの法案を出した主目的だと思います。「国民がお金を使いさえすれば景気はよくなるのだ。ところが、預金を持っているのに、みな、なかなか使わない。企業《きぎょう》は利益が出ても内部留保をして投資には使わないし、人件費にも使わないで、そのまま持っている。これはけしからん」ということで、何とかして〝引きずり出そう〟としているわけです。その方法の一つとして、カジノの推進をやろうとしているのだと思います。

もちろん、マカオやアメリカのラスベガスなど、ほかのところにもカジノはあるので、「海外にまで行ってお金を落とすぐらいなら、国内で落としてくれ」という考えも分からないことはありません。あるいは、「海外の客を日本に呼び込める」という面でのメリットもあることはあるでしょう。

また、安倍首相自身は二〇一四年にシンガポールを視察したことがあり、「カジノと言っても、

シンガポールの統合型リゾート施設を視察する安倍晋三《しんぞう》首相（2014年5月30日）。

床面積《ゆか》は全体の三パーセントぐらいしかなくて、それ以外は統合リゾートでいろいろと遊べるような施設《しせつ》がある。家族で遊びに行けるのだからよいことだ」という言い方をしていたようです。

ただ、ここには倫理《りんり》的な問題点が一つあります。安倍首相は勉強していないのかもしれませんが、法学部で法律を勉強した人ならば見知っていることとして、刑法《けいほう》には賭博罪《とばくざい》があるわけです。あるいは、賭博場開張等図利罪《とばくじょうかいちょうとうとりざい》（刑法第一八六条二項《こう》）もあります。

要するに、自分が賭博をしなくても、自宅の部屋を開放して、そこで自由に賭《か》けマージャンをした場合、場所を貸した人も賭場《とば》を開いた人も有罪なのです。もちろん、実際に賭けマージャンをした人も有罪になります。それにもかかわらず、個人で行えば有罪のことが、政府や自治体がすればまったく罪がなくなるのかということです。

なかには、マッチ棒やチューインガムを賭けるというところで我慢《がまん》する人もいるとは思いますが、実際にはそういうことでは済まないでしょう。

例えば、会社では、野球などで「賭け」をやっているところもあるでしょう。「どこがどこと戦って、何対何で勝つか」という感じで賭けをやっているわけです。

もう三十年以上たっていますが、私も在家《ざいけ》時代、商社の若手社員のころに、部長から六万円を巻き上げられたのをいまだに忘れられません。はっきり言えば、「野球賭博」でしょうが、会社のなかで、みな参加していたので、若手としてはどうしようもありません。「どれに賭けるか」というのが全員に回ってくるので、判子《はんこ》をついて、六万円を一瞬《いっしゅん》にして巻き上げられました。

やはり、ショックはショックで、独身にとっての六万円というのは、可処分所得のなかでもけっこうな額でしょう。「六万円あれば何ができるか」と考えてみると、食事代と本代の両方を合わせた一カ月分ぐらいに相当するので、それなりの痛みは感じました。

ちなみに、名古屋《なごや》支社の時代の話ですが、寮《りょう》は独身寮と単身寮が一緒《いっしょ》になっていたこともあり、休日に部長らから、「ゴルフに行くからちょっと車を貸してくれ」などと、よく言われました。私自身はマイカーにほとんど乗ることもなかったので、車にうず高く葉っぱが積もっている状態ではありましたが、車に入れてあったガソリンをそのまま使われていたわけです。そういったことを覚えていますが、彼らから、いろいろなかたちでずいぶん〝搾取《さくしゅ》〟されたとは思います。

それはともかく、実際上は、やっている人も大勢いるものの、「警察に見つかることもなければ、まず逮捕《たいほ》にはならない」ような範囲《はんい》でやっていると思います。

ただ、野球であろうがマージャンであろうが、お金を賭けてやったものは、いちおう刑法上は賭博罪あるいは賭博場開帳等図利罪などが発生する問題であり、それは「倫理的によくないから」ということになっているわけです。

もちろん、「個人の経済的自由だ」「自分の金を賭けて損して何が悪い」という考えからすれば、別に構わないではないかということも言いうるので、ことさらそれを問う必要はないものなのかもしれません。しかし、それが刑法罪になっているということは、「人間を堕落《だらく》させて誘惑《ゆうわく》し、家庭を破滅《はめつ》させたり事業を破産させたりする傾向《けいこう》がある」ということかと思います。

カジノは個人の身の破滅《はめつ》や犯罪を呼び込《こ》みやすい

前述の話では、私自身が賭博をやろうと思ったわけではありませんが、課ごとにいろいろなものが回ってきて、「判子を押《お》せ」と言われたのです。「どちらが勝つと思うか」ということだったので、とりあえず判子を押したわけです。

ところが、それにはハンディというものがついていて、単なる勝ち負けではなく、「2」とか「2・5」とか、微妙《びみょう》な点数差を加えて判定するものらしく、よく分からないところがありました。私は勝つと思うほうだけに判子を押して、それがすべて的中はしたのですが、ハンディがついていて、「何点差で勝つか」というところまではよく分からなかったので、それで負けてしまったのです。ただ、負けてしまったものはしかたがありません。

倫理的な観点で考えれば、要するに、そういうことをやっていると、人間は怠《たい》惰《だ》になるだけでなく、射幸心《しゃこうしん》も出てきて、そういう無駄《むだ》なものにお金をつぎ込《こ》み、勤勉に働かなくなる傾向が出てくるので、昔からあまりよくないことだと言われているわけです。

余談ですが、私は、大学時代、下宿《げしゅく》する場所には〝一人下宿〟のところを選びました。下宿に知り合いが四人以上いるとマージャンのメンツが揃《そろ》うかたちになるため、そこが雀荘《ジャンそう》に変わってしまうという例は私も幾《いく》つか見ましたが、実際にそのとおりだったので、基本的に四人以上いるところには行かないようにしました。そこに入ったら明け方まで抜けられなくなるので、そういう下宿には入らなかったのです。

ともかく、賭博は、ささやかなものには目こぼしもあって、非常に微妙なところではあるのですが、「それが個人にとっては悪いとされることでも、公《おおやけ》になれば構わない」というのでしょうか。

もちろん、個人で殺人をすれば犯罪ですが、刑務所の看守が判決に基《もと》づいて死刑を執行《しっこう》することは、殺人罪には問われません。そういうものはあるけれども、それが賭博ということになると、本当に罪に問われないのかどうかということです。

例えば、競馬《けいば》や競輪、競艇《きょうてい》などは公営でもやっていますが、そういうもので身を持ち崩《くず》した人はいくらでもいます。現に四国にいる私の親戚《しんせき》のなかでも、鳴門《なると》の競艇で借金漬《づ》けになって、一族からかなりクレームを受けている人がいました。やはり、のめり込んだら麻薬《まやく》のように抜けられなくなるところがあるわけです。

そういうことから考えると、おそらく「カジノ法案」も、個人がとにかく消費をしないようにと大切に持っているお金を使わせるためのものでしょう。「統合型リゾート」と称《しょう》して、家族で遊びに行けるところのように説明していますが、金儲《かねもう》けができるかもしれないゲーム機械がたくさん並んでいるところに行けば、子供は〝子供の遊び〟をして、大人は〝大人の遊び〟をするだろうと思います。そうしたことを狙《ねら》って、お金を使わせようとしているわけです。

「カジノ法案」の実態は筋《すじ》の通らない「消費促進《そくしん》法案」

政府が〝あの手この手〟で国民に消費をさせようとしていることや、景気対策をやりたいという気持ちもよく分からないわけではないのですが、根本的に、どうも、他人《ひと》の懐《ふところ》、財布《さいふ》、預金通帳の中身を引きずり出して使おうとする傾向を感じるものがあって、すっきりしません。

やはり、私は、筋《すじ》を通したほうがよいのではないかと思うのです。個人の罪のほうを放置して、公のほうがそれを推進するのは、バランスを欠いているのではないでしょうか。そこには、違法性《いほう》を阻却《そきゃく》する、要するに「違法ではない」とするだけの根拠《こんきょ》がありません。公がカジノをしたとしても、個人の破滅《はめつ》につながる恐《おそ》れがあることでは同じだからです。

「公でやっているものであるならば破滅しない」というなら分かります。公営のカジノで全財産を取られたとか、家を売らなければいけなくなったといった不幸が起きるようなことになった場合には、公的資金が投入され、その借金が相殺《そうさい》されるというのであれば、分からないことはありませんけれども、やはり、破滅はするのでしょう。これにはまった人は破滅に向かうことが少なからずあるだろうことを考えるならば、税収の一部にはなるのでしょうが、喜んで参加したいというほどの気持ちにはなりません。

政府の、「ラスベガスやマカオでお金を取られるぐらいなら、こちらで取りたい」「外国人を呼び込みたい」という気持ちも分かるけれども、日本にカジノを開いたら、多少、海外から、たちの悪い人々が来る恐れは強いでしょう。要するに、マフィア系の人たちが入ってきて、暴力団の資金源等になるリスクは非常に高いと思われるのです。

また、それとともに、麻薬等とも関連してくるでしょう。そういう人々が麻薬を持ち込んできたり、それで儲けたお金のマネーロンダリングの場として使われる危険性も極《きわ》めて高いと考えられます。そのお金をカジノで使うことによって、分からなくしてしまうことも出てくるだろうと予測されます。

いずれにしても、麻薬のところも、日本では今、水際《みずぎわ》作戦で入《い》れないように努力しているのでしょうけれども、カジノができれば、何らかのかたちで扉《とびら》が開いてくるのではないかという気がしています。

「トータルでそういう部分があってもよい」という見切りがあるなら、それも一つではありますが、あまりにも性急に進めているのを見ると、「要するに消費促進《そくしん》法案なんだな」ということがよく分かります。あるいは、〝浪費《ろうひ》促進法案〟ということなのかもしれません。「もう貯金を持つな」と一生懸命《いっしょうけんめい》に言っているように見えてしかたがないのです。

しかし、国民が貯金を持ちたがる理由は、経済の先行きに対して楽観的な見通しを持っていないからであり、企業が設備投資に気が向かなかったり、あるいは、利益をすぐに賃金に反映しなかったりする理由もまた、先行きを見越してのことであるからです。

この点、「自分の政権の間《かん》だけ景気がよくなればよい」というように見ているのであれば、やはり、やや、政策的に一貫《いっかん》性が足りないのではないでしょうか。

率直《そっちょく》に言って、日本にいろいろなカジノが大々的なかたちでできてくるということ自体に、私はあまり賛成ではありません。

これは、おそらく、国民の堕落傾向を招くでしょう。また、コンピュータ社会になって、いろいろなものがゲーム感覚でできるような時代になってきているので、相性《あいしょう》はそう悪くはないのかもしれませんけれども、結局、静かに本を読んだり考え事をしたりするような人が減っていくのではないかと思うのです。あるいは、「労せずしてお金が儲かった」というような話を聞くことで誘惑されることも多くなるのではないかという気がしています。

「鬼平犯科帳《おにへいはんかちょう》」の義賊《ぎぞく》に似ている安倍首相の考え方

こういうことを思ったのは、先日、二十八年近く続いているテレビドラマ「鬼《おに》平犯科帳《へいはんかちょう》」の「ファイナル」なるものを観《み》たからかもしれません。中村吉右衛門《なかむらきちえもん》が主役を演じているのですが、年を取りましたし、とうとうこのシリーズも最後になるということだったので、どんな終わり方になるのだろうかと思い、ちょっと観てみたのです。

ちなみに、私は、剣《けん》が出てくる作品には少し関心があり、その手のものを観ることもあるので、今回もどんなふうになるのか気にはしていたわけですが、立ち回りに関しては、かなり年を取ったこともあってか、ややゆっくりした短い動きしかなく、それほどよくはありませんでした。

ドラマのなかでは、雲竜剣《うんりゅうけん》の使い手という人が最後の相手として出てくるのですが、その剣の創始者はまだ生きていて、その人とは関係が絶《た》えた親子に当たります。そして、息子《むすこ》のほうが、夜になると辻斬《つじぎ》り風に出てきて、今の警視庁に当たる火付盗賊改方《ひつけとうぞくあらためかた》の役人を襲《おそ》ったりするようになるのです。

中村吉右衛門演じる鬼平（長谷川平蔵《はせがわへいぞう》）には、よく民間人のふりをして一人でブラッと歩いては市中《しちゅう》を見回る癖《くせ》があるので、剣の使い手の息子は、「鬼平を狙って斬れば、剣名《けんめい》が上がる」と考え、襲うわけです。

一方、その父親でもある師匠《ししょう》のほうは、元武士であり雲竜剣の開祖でもありながら、現在は医者をしていて、マザー・テレサの施設ではありませんが、幾つかのところで、貧民《ひんみん》、あるいは病人等を集めて医療《いりょう》施設を営《いとな》んでいました。

しかし、あるとき、医者の限界を感じます。「やはり、医業をやるにも、薬代や、あるいは食べ物を出す費用が必要だ。そういう金がない者にとってはどうしようもない。救えない」というようなことで、父親のほうは、善と悪の中間地点で揺《ゆ》らぎながら仕事をしていたのです。

そして、そのうちに、江戸の大店《おおだな》を狙うようになるわけです。大商店を狙って金庫破りをするときには、いちおう組織的に入りはするものの、潰《つぶ》れるところまではやりません。つまり、蔵《くら》に入ってお金を盗《ぬす》むにしても、店が潰れない程度には残しておくわけです。

ですから、雲竜剣の開祖である父親のほうは、「自分が盗みに入った十数軒《けん》の店は一軒も潰れていない。余分なお金は取ってあるので、その残してあるお金で事業が続けられて、今も繁盛《はんじょう》している。正しいことであるとは言えないが、そのお金を使って、ご飯《はん》が食べられない人や病気を治せない人たちを助けてきたんだ」というように、半《なか》ば義賊《ぎぞく》のような感じでやっていたのです。

これは微妙なところでしょう。

ちなみに、この役は、映画「るろうに剣心《けんしん》」で年寄りの公儀御庭番《こうぎおにわばん》の役をしていた田中泯《たなかみん》さんが演じていました。

要するに、「お金がなくて、飢《う》えて、死にかかっている人にとっては、一椀《いちわん》のお粥《かゆ》のお金がどこから出てきたかということは、もう関係がないんだ。とにかく、一椀のお粥があてがわれることが大事なのであって、これがどこの金によって出てきているものかということは関係がないことなんだ。実際に助けたかったら、お金が必要なんだし、お金のあり余っているところから、潰れないぐらいに盗《と》って、それをいいことのために使ったのだから、やむをえないことじゃないか」というような考えでやっていたわけです。

私としては、「このあたりの考え方が安倍首相とよく似ているな」と思いながら観ていました。こういうドラマの最終回をするにしても、多少は世相《せそう》を反映するところもあるのでしょうか。

政府は「経済が発展・繁栄《はんえい》するための法則」を考えるべき

現政権は、「企業の内部留保金を何とかして取ってやろう」と狙っています。

また、現在、某《ぼう》ドラマのなかでも描かれているように、二十階建て以上の高いタワーマンションでは、上の階に住んでいる人ほど身分が高いということで威張《いば》っているような人もいるそうですけれども、政府は実際の高層住宅に対して一階上がるごとに税率を○・二五パーセント上げていくというような案も検討《けんとう》していきます。まあ、よく考えるなとは思いますし、確かに盲点《もうてん》ではあります。

富《と》める者はだんだん少数になっていくので、上に上がっていった人には高い税金を払《はら》わせるようにすれば、庶民《しょみん》の人気も取れるし、税収も上がるということで、こういうのを狙っていくわけです。次々に考えているのは、そういうところです。

ただ、そうしたもののなかには、共産主義的あるいは社会主義的な発想があるでしょう。

要するに、毎年一千億円ずつ発生する休眠預金を使うにしても、「貧困層の奨学金支援《しえん》や地域の振興のために使うのなら、よいことのためなのだから、取っても構わないだろう」という考えがあるのだと思いますが、それでも、行おうとしていることは〝盗人《ぬすっと》〟です。「政府が盗人をしても構わない」と言っているようなものでしょう（注。ただし、預金者が求めれば、払い戻《もど》される）。

さらに、カジノ法案に関しても、「博打《ばくち》は個人でやったら犯罪だけれども、公的認可を受けた施設で家族団欒《だんらん》をしているときに、お父さんも遊ぶ時間を取りたくて、そこでついついお金を使ってしまうという場合は、結果的には税収が増えて社会福祉《ふくし》に使えるのだから、よいことじゃないか」というような説明をしていくと、それと同様の論理になっていくのではないでしょうか。

そうした考え方も分からなくはありませんが、基本的に、「政策」においては、もう一段、経済が発展・繁栄《はんえい》するための法則というものを考えたほうがよいと思うのです。

ジョージ・オーウェルの『１９８４年』に近づきつつある日本社会

政府に全財産を握《にぎ》られ、監視《かんし》され、「使え」とまで指示されるような社会というのは、実に怖《こわ》い世界です。

それは、ジョージ・オーウェルの小説『1984年』で描かれた監視社会を思わせます。あの小説に出てくる「テレスクリーン」といった装置によって監視されている社会と、あまり変わりがありません。

例えば、「マイナンバー（個人番号）」の制度によって全国民の財産が管理できるようになり、「歩留まりが幾らぐらいある。これをもう少し使わせないといけない」ということまで行政指導ができるようになっていったら、これは怖い社会だなと思います。

やはり、私有財産権の自立、独立も、国民としての自由権の一つであり、もし、財産が自由にならなくなれば、自動的に〝奴隷《どれい》状態〟となります。刑務所に入《い》れなくても、私有財産が自由にならない状態にすれば、人は動きが取れなくなるのです。「職業の自由」だの、「教育の自由」だの、「参政権」だの、「旅行の自由」だの、「海外渡航《とこう》の自由」だのと言っていても、お金のところをすべて押さえられたら、基本的には動けなくなるので、〝自宅軟禁《なんきん》状態〟になるわけです。

したがって、「財産権の自由」は非常に大事なところであり、たとえ「公共の福祉による」というようなものであったとしても、それを侵害《しんがい》することは、非常に制限的に解釈《かいしゃく》しなければやってはいけないのです。

では、「公共の福祉による財産権の制限」などというのは、どういうときに当てはまるものなのでしょうか。

例えば、大きな道路を通すとき、その道の途中に一カ所、頑固《がんこ》な共産党員ないし創価学会員《そうかがっかいいん》の古ぼけた家が一軒あり、「土地は売らん」と言って頑張っているとします。しかし、そのために、そこだけ高速道路を曲げるかどうかというようなことになったら、さすがに個人としてのわがままが過ぎるのではないかと見なされ、適切な補償《ほしょう》をすることで、その土地を強制収用できるという場合などには、それが当てはまることもあるわけです。

しかし、国民全体に関して、名目上の理由で強制できることがあまり多く起きるようであっては、自由主義国家とは言えないと思うのです。それは、中国やかつてのソ連のような社会に近いし、北朝鮮《きたちょうせん》のような社会でもあるでしょう。ここは踏みとどまらなければいけない一線です。

私は、国民を堕落させる傾向のある法案を、「選挙が近くない今のうちに通してしまおう」という感じで拙速《せっそく》に進めてしまうことに対しては、どうしたものかと考えていますし、その結果、暴力傾向のある国民の増加や、そういう外国人の流入、また、それに伴《ともな》って起きるであろう麻薬問題等に飛び火していくのは、非常に残念なことだと考えています。

このことについて十分な議論がなされずに、スピード採決していこうとする方向には、やはり一定の疑問があります。

2　ドゥテルテ大統領がフィリピン国内で大人気の理由とは

ドゥテルテ大統領が麻薬《まやく》中毒者に厳しい態度で臨《のぞ》む理由

麻薬《まやく》問題ということでは、例えば、フィリピンのドゥテルテ大統領のところにも同じような問題があります。

今朝《けさ》のCNNを観《み》ていても、「現地に記者が潜《もぐ》り込《こ》んでみたら、三十五日間で数十人が殺されるところを見た」というような〝左翼《さよく》的な〟報道をしていました。

あの大統領も、一般《いっぱん》的にはそのように見られる傾向《けいこう》があるとは思いますが、国民の支持率がものすごく高く、九十パーセント近くあることを考えれば、その内実をもっと見なければいけないところはあるでしょう。

実は、なんと、フィリピンには麻薬中毒者がおよそ四百万人もいるというのです。

これ以上増えていけば、あちこちで家庭崩壊《ほうかい》が起きるのみならず、麻薬依存症《いぞんしょう》で働けない人たちの社会になります。そうして、犯罪が多発し、もっともっと国を蝕《むしば》んでいく時代が来るので、「どこかで止《と》めなければいけない」ということはあるのでしょう。

ドゥテルテ大統領はヒトラー並みに言われながらも、それこそ鬼平《おにへい》が犯罪人を斬《き》るよう

「犯罪や違法薬物、汚職を一掃する」という選挙公約を掲げて当選したドゥテルテ大統領（右）は、2016年６月の就任以来、麻薬撲滅作戦を展開している。（左）フィリピンのマニラ首都圏で、薬物捜査に当たる武装警官。

なつもりでやっているのではないかと思われます。

これについては、国情がかなり違《ちが》うので、よく考えて判断しなければいけません。

ドゥテルテ大統領側としては、「オバマ大統領は人権外交を言うけれども、アメリカ国内では、銃《じゅう》問題で人がたくさん死んでいる。無実の人まで死んでいるじゃないか。こちらのほうは、明らかに、麻薬中毒患者《かんじゃ》と売人を中心に取り締《し》まっているんだ。フィリピンの法律では、捕《つか》まっても死刑《しけい》にならないので、釈放《しゃくほう》されて外に出されると、また麻薬をやりながら売人をすることになる。だから、現行犯に対して厳しい態度で臨《のぞ》んでいるんだ」という考えなのでしょう。このあたりには、まだまだ相互《そうご》理解の余地はあったのではないかと思うのです。

ドゥテルテ大統領は、オバマ大統領に対しては“Go《ゴー》 to《トゥ》 hell《ヘル》!”（地獄《じごく》に堕《お》ちろ）と言い、トランプ氏には「トランプ万歳《ばんざい》」と言っていますが、このへんをよく理解しないで、単に、「暴君のような人が出てきた」とだけ言うことは間違いではないかと思います。

麻薬《まやく》が国民を蝕《むしば》むことを恐《おそ》れるドゥテルテ大統領とトランプ氏

このドゥテルテ大統領の本心については、霊言《れいげん》の本（『ドゥテルテ　フィリピン大統領　守護霊《しゅごれい》メッセージ』〔幸福の科学出版刊〕）を出しました。この真相を明らかにしたのは幸福の科学だけでしょう。

「できれば麻薬《まやく》を一掃《いっそう》したい。自分の任期中に麻薬患者をなくしたい」というドゥテルテ大統領の考え自体はよいことだと思います。今、四百万人のうち、七十万から八十万の人たちは自首して刑務所などに入っていますが、入り切れないで困っているよ

暴言大統領の意外な本音が明らかに。
『ドゥテルテ フィリピン大統領 守護霊メッセージ』（幸福の科学出版刊）

うです。確かに、短期間で撲滅《ぼくめつ》しようとすれば、そのくらいのことはあるかもしれません。

とにかく、これは、今後の文明社会の大きな問題でしょう。麻薬に汚染《おせん》されてしまったら、もう働けなくなってしまうからです。

おそらく、トランプ氏も、「中南米からの麻薬がアメリカにたくさん入って、それで金儲《かねもう》けをされ、アメリカ人が退廃《たいはい》的になって蝕《むしば》まれていくこと」をすごく恐《おそ》れているのだと思います。

彼はああいう豪快《ごうかい》な人ではありますが、ご自身では、麻薬はもちろん、酒もタバコもコーヒーも飲まない方です。極《きわ》めて禁欲的な生活を送っておられますが、おそらく、ビジネスで頭がクリアになるようにしているのでしょう。

確かに、「メキシコとの間に壁《かべ》をつくる」などということだけを聞けば、非常に乱暴なことを言う方だと思うかもしれません。しかし、その意図は、犯罪の流入とアメリカの堕落《だらく》を防ぐことです。そういう意図を持っているところを、よく見なければいけないのではないかと考えます。

3　キリスト教とイスラム教に必要な宗教的理解

キリスト教が他の宗教に対して持つ偏見《へんけん》とは

さて、昨日《きのう》の講演（「真理への道」）では、イスラム圏《けん》についてもメッセージが少し足りなかったかもしれませんが、キリスト教国についても、あちこちで退廃《たいはい》のムードが出てきており、よいとは言えない状態が続いています。

特にカトリック系がだらしなく、「犯罪は多いし、経済は悪いし」という感じです。おそらく、「カトリックのほうの教えは、表側だけで聞かれていて、裏側ではまったく聞かれてもいないし、実行されてもいない」というのが真実かと思います。それは、教会が形式化してしまって、内面まで入り込《こ》んでいないからでしょう。

つまり、カトリックにおいても内部改革をそうとうしなければいけないところがあるということです。

一方で、キリスト教の側からイスラム教を見ると、「イスラム型の、戒律《かいりつ》を厳格に守るなかで、キリスト教側から見れば狂信《きょうしん》・妄信《もうしん》に当たる行為《こうい》をやってしまうこと」について疑問を持っているようです。

例えば、アッラーの神を冒瀆《ぼうとく》されたり、ムハンマドを冒瀆されたり、イスラム教の風習を冒瀆されたりすると、異教徒などを簡単に殺してしまいますが、これについて疑問があるのでしょう。

しかし、ダンテの『神曲《しんきょく》』には、ムハンマドや四代目カリフのアリー、さらには、仏教の開祖である仏陀《ぶっだ》まで地獄《じごく》の最深部のほうでのたうち回ったりしているというようなことが書かれているわけで、「キリスト教側の偏見《へんけん》」も、そうとう長くあります。それを見てきた人は誰《だれ》もいないので、想像で書いたものと思われますが、それが遺《のこ》っているところを見ると、キリスト教徒は本心ではそう考えているのではないでしょうか。

また、映画などを研究してみても、アメリカ版のエクソシストものなどを観《み》ると、だいたい、出てくる悪魔《あくま》の由来はイラクやイラン辺りになっています。「中東の辺りの発掘《はっくつ》か何かを原因にして入ってくる」という設定なのです。例えば、「NY心霊捜査官《ニューヨークしんれいそうさかん》」（二〇一四年公開）という映画を観ても、「イラク戦争等に行って、向こうの悪霊《あくれい》を憑《つ》けてニューヨークに帰ってきた」というような感じでした。

要するに、イスラム圏のものを「悪魔のもと」として考えているのではないかと思われます。

映画「NY心霊捜査官」（2014年公開／スクリーン・ジェムズ）

あるいは、映画「ゴーストバスターズ」に、女性が出てくる新しいバージョン（二〇一六年公開）ではなく、旧《ふる》いバージョン（一九八四年公開）のものがあります。そのなかに出てくる悪魔は、「ザ・ゲートキーパー（門の神）」のズールだとか「ザ・キーマスター（鍵《かぎ》の神）」のビンツだとか言っていたと思いますが、古代のメソポタミアの神を「悪魔」と呼んでいました。

なお、その造形を見ると、インドで言う「ガルーダ」に当たるような姿を取っています。インドと古代のペルシャ系あたりは、おそらく交流があったでしょうから、根源は同じなのかもしれません。ともかく、インドでは仏教の守護神《しゅごしん》にもなっている、羽の付いた、鷲《わし》のような形をしたガルーダ系のものを「悪魔」と見

映画「ゴーストバスターズ」
（1984 年公開／コロムビア映画）

ているのではないかと思うのです。ほかにも、いろいろありますが、日本で言えば、それは「天狗《てんぐ》」といわれるものです。羽が生《は》えて、くちばしがあるものだからといって、悪魔とは違《ちが》うものでしょう。

このあたりの、宗教的な理解の違いがあるように思います。

イスラム教に必要なイノベーションポイント

ただし、イスラム教について言えることとは、「イスラム全体と過激派は違う」という分け方をしているけれども、なかなか難しいものはあるということです。イスラムのなかにも、先ほど述べた共産党と同じような面、つまり、「目的が正当なら手段は選ばない」というような面が、若干《じゃっかん》あります。それは、ムハンマドの生き方のなかに武力革命的なものが、かなりあったからです。

多神教を廃絶して一神教を立てるに当たって、ムハンマドはメッカの勢力に追われますが、最後には戦争で勝って国を統一しました。「征服《せいふく》して国を建てた」ということは、「異端《いたん》、邪説《じゃせつ》のものを全部一掃《いっそう》した」ということです。

これは、キリスト教的に言えば、「植民地主義」「帝国《ていこく》主義」で、他国を滅《ほろ》ぼしてキリスト教国に変えていくということでしょう。要するに、キリスト教国がアフリカやアジアに行《おこな》ってきたことと同じような効果があったのではないかと思います。

何事も、極端なものにはいけないところが多いでしょう。しかし、現時点では、キリスト教国のほうが、やや法治《ほうち》主義的な考え方が強く、イスラム教国のほうは、どちらかといえば、「伝統的な教えや風習によるもののほうが、（法律の）上に置かれる」という考え方になっていることが多いようです。特に、「イスラム法」といわれるもののなかには、そうとう宗教的な戒律が入っているので、やはり、現代では不適応を起こしている部分はあると思います。

今、キリスト教徒の二十二億人に対し、イスラム教徒は十六億人とも言われていますが、イスラム教も、これ以上の人口を擁《よう》するようになるなら、やはり、変わっていくべきでしょう。文明の発展を妨《さまた》げる面があると思うので、暴力肯定《こうてい》的なものについては、少し現代仕様に考えていく必要があるでしょうし、異教徒の生命をあまり軽《かろ》んじすぎないようにしなければいけません。

また、「唯一《ゆいいつ》の神」といっても、ほかの民族がまだ理解していない神の考え方だけを、「すべてに通用する」と考えすぎるのには問題があります。

イスラム教は、もともと寛容《かんよう》な宗教だったのです。キリスト教など、ほかの教えが広まっているなかでできたのがイスラム教なので、もともと寛容に始めたものではあるのです。それが、だんだんに過激になってきているわけで、その流れを反省し、もう少し「対話のステージ」で協調できるようにしていかなければいけないと思います。

お互《たが》いの神を「悪魔《あくま》」だと思う
キリスト教徒とイスラム教徒を和解させる方法

ちなみに、ドイツのメルケル首相は「続投する」と言っていますが、イスラム・テロなどについては厳しくしていき、危険分子等は移民としては認めない方向で引き締《し》めを図《はか》るようなことも言っているそうです。

このように、イスラムに関しては、「テロ」や「内戦」、「ヨーロッパへの移民」など、「人道上の救済の問題」と、それに伴《ともな》って「キリスト教圏の文明秩序《ちつじょ》が崩《ほう》壊《かい》していく問題」については、「何を優先するか」という点で非常に難しいものがあるでしょう。

実際、イスラム圏が内乱になって総崩《そうくず》れになってきたときに、これを全部吸収しながら、宗教的に違いを認めつつ平和共存していくのは、なかなか難しいはずです。「一方的に、キリスト教系のほうが、イスラム教のほうを養う」というかたちには、そう簡単にはならないでしょうから、そこで新たなレイシズム（人種差別）が起きないように、心から願いたいと思います。

やはり、宗教に基《もと》づくいろいろなものも、数百年、あるいは千年、二千年とたってきたら、適度なイノベーションは必要だと思うのです。そのなかから、有害なものは抑《おさ》えつつ、まだ今後も生き延びるべきものは何だろうかと、よく考えていくことが大事なのではないでしょうか。

結局、お互《たが》いに理解し合えていない部分の根底には、単なる「法治主義 対 イスラム法主義」という問題だけではなく、「本当は、お互いの神様を悪魔《あくま》だと思っているのではないか」という問題があるのです。ここのところの理解をどうにか進めたいと思いますし、これも幸福の科学の大きな使命であると考えています。

ただ、最初のうちは、幸福の科学の教えも、キリスト教徒やイスラム教徒からは、ある種の誘惑《ゆうわく》に見えるかもしれません。要するに、一神教を揺《ゆ》るがすための誘惑に見えるかもしれないとは思うのです。

というのも、当会は、スタイル的にはインドの宗教に似ているからです。インドでは、最高神としてヴィシュヌ神がいて、さらに、さまざまな神々もいます。その意味では、日本の宗教ともよく似たスタイルではあるのです。

また、ヴィシュヌ神には〝顔〟（化身《けしん》）が十人ぐらいあって、そのうちの一つがゴータマ・ブッダということになっているのですが、私は、「考え方としては、それはありえる」と思ってはいます。

やはり、実際には、高級神霊、大天使、天使、あるいは、神を名乗る者はたくさんいるので、それにもかかわらず、「一つだけが正

ガルーダの上に乗るヴィシュヌ神。英雄ラーマやクリシュナなど、ヴィシュヌ神には10の化身があるとされている。

しく、あとは全部、間違っている」というのは、救済の手段の多様化を否定するのと同じことになるでしょう。

そのあたりについては、もう一段の宗教的理解が進んでいくことを願っています。

4　文明の盛衰《せいすい》を分ける考え方と判断

ＬＧＢＴ問題は「文明の競争」に関係している

さらに、オバマ政権下で進んでいった、ＬＧＢＴ系の「セクシャルな差別等を撤廃《てっぱい》して、いろいろなかたちを容認していこう」というスタイルについて述べておきます。

オバマ大統領は、大統領選挙での演説や就任演説等で、「ゲイもストレートも、レッド・ステイト（共和党支持者が多数を占める州）もブルー・ステイト（民主党支持者が多数を占める州）も、みんな一緒《いっしょ》だ！」というような言い方をしました。

●ＬＧＢＴ　レズビアン（女性同性愛者）、ゲイ（男性同性愛者）、バイセクシュアル（両性愛者）、トランスジェンダー（心と体の性の不一致）などの性的少数者を指す。

それには、仏教で言うところの、「色心不二《しきしんふに》」というか、「善悪不二」というか、「何もかも同じ」という感じがないわけではありません。ただ、そうは言っても、やはり、文明的には下《くだ》っていく感じが強くあるでしょう。

それで、トランプ氏に象徴《しょうちょう》される「強いアメリカ」「古いアメリカの父親像」といったものが出てきたような気がします。ああいうタイプは、本能的に、「ＬＧＢＴ型の人たちは、国力を弱め、社会の底辺層を拡大する傾向《けいこう》が強い」と見ているのではないでしょうか。

もちろん、いろいろな考え方はあるでしょうが、アメリカをグレーター

ニューヨークで行われたLGBT パレードの様子。

（greater）なものにしようとするなかには、〝ピリッとしたもの〟も要《い》るだろうと思います。

やはり、長い歴史を見ると、「戦争の時代」と、戦間期の「平和な時代」とが交互《こうご》に訪《おとず》れているわけです。そして、「戦争の時代」には、男女の差が激しく出てきます。

例えば、「男は婦女子を護《まも》るために、命を捨ててでも戦うもの」というような感じでしょうか。そういう時代には、男性は男性らしくなり、女性は女性らしくなる傾向が強く出ます。

しかし、「平和な時代」が長く続きすぎると、男女の差がほとんどなくなってくるので、ときどき、戦争やさまざまな災害等が起きることがあるのです。そういう意味では、何か、時代を〝引き締《し》める役割〟が働いているような気がしてなりません。

いずれにしても、全体的に退廃の方向に向かうと、文明というのは盛《さか》りを越《こ》えて衰退《すいたい》していき、やがて、他の文明に呑《の》み込《こ》まれていくことになります。したがって、その道を選ぶか選ばないかは、大きな違《ちが》いになるでしょう。世界の文明が「八大文明」であるかどうかは微妙《びみょう》なところですが、今、競争しているところではないかと思います。

これは、国際政治を全体的に見ての感想です。

「EU改革の必要性」と「自由貿易に対するトランプ氏の見方」

さらに、「EU」そのものについては、もう一段、メスを入れなければいけないのではないかと思う面はあります。

なお、「イギリスのEU離脱《りだつ》は予想できなかった」と言われていますが、私は、一九九〇年の段階で、「イギリスは、離脱するだろう」と予想してはいました（注。

●八大文明　アメリカの国際政治学者サミュエル・P・ハンチントンによると、「冷戦終結後、世界は八大文明に分かれて対立する」とされる（文明の衝突説）。八大文明とは、日本、中国、インド、イスラム、西欧、東方正教会、ラテンアメリカ、アフリカの八つの文明を指す。

一九九〇年十二月九日説法《せっぽう》「未来への聖戦《せいせん》」。『神理文明の流転《るてん》』〔幸福の科学出版刊〕第4章「未来への聖戦」参照）。

ともかく、EUは、国の数が増え、「弱者連合」や「協同組合」のようになってきているので、あまり有用ではなくなってきつつあるのかもしれません。

「ナショナリズムの運動」というのはマスコミが嫌《きら》うテーマではありますが、基本的に、自分の国で失業率を改善したり、産業を興《おこ》したりできないと駄目《だめ》なのです。それができない国にたくさんぶら下がられては、とてもやっていけないでしょう。おそらく、「救おうと思っていながら、最後に一緒に沈《しず》んでしまう」というようなかたちが、今後も続いていくの

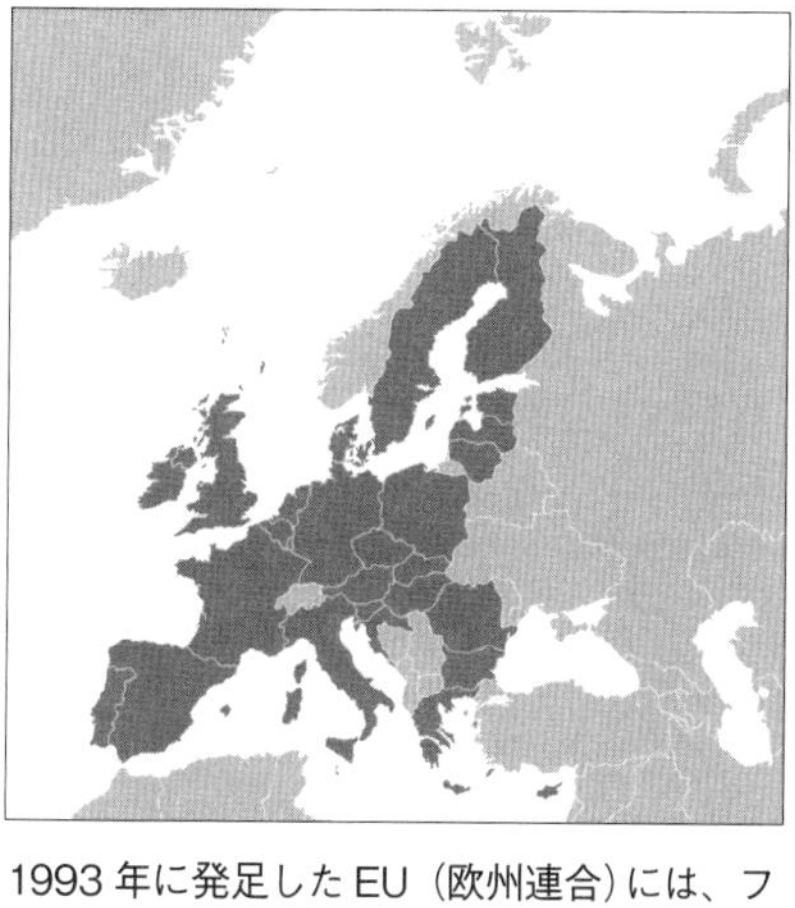

1993年に発足したEU（欧州連合）には、フランス、ドイツ、イタリア、オランダ、ベルギー、ギリシャ、イギリスなど、28カ国が加盟している（2016年12月現在）。

ではないかと思います。

ある意味で、地方分権ではありませんが、それぞれの国が、もう一回、自分の国を立て直す努力をしなければいけません。やはり、中央部分の発言だけで全部やっていくことには無理があるのではないかと思います。

要するに、自由貿易だけで富むわけではないのです。そのなかに、経済的強者と経済的弱者がある場合、「自由貿易」と称《しょう》して垣根《かきね》を外していくと、実際は、富が一方的に流れていくかたちになることがあります。ここのところの調整は非常に難しいのです。

この問題について、嫌われることも覚悟《かくご》で言い出したトランプ氏は、ある意味で、とても頭のいい人でしょう。

一方、オバマ大統領が進めていたものとして、例えば、「TPP」があります。確かに、「環《かん》太平洋の国々で自由貿易をやる」という考えは、非常に理想的で、よいことのように聞こえるかもしれません。

しかし、実際上は、ＴＰＰ参加国の経済力にはそうとうの差があるわけです。そのため、全部で十二カ国が入ったとしても、ＧＤＰで比べると、そのなかでアメリカのシェアは六十パーセントもあります。ちなみに、日本は十八パーセントぐらいでしょう。

これは、アメリカの富が自動的にほかの国に分配されていくことを意味します。自由貿易の結果、そのようになっていくと思われるので、その流れから護らなければいけないということでしょう。

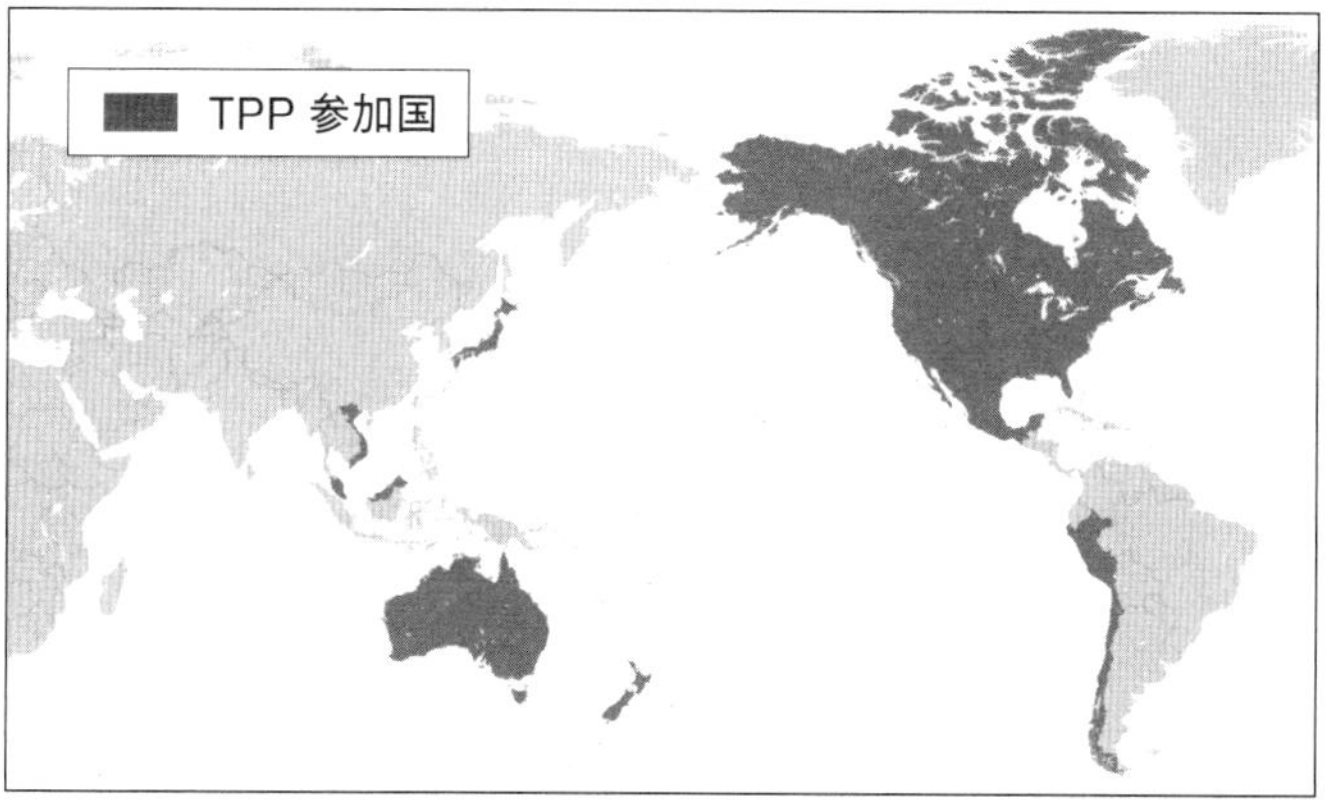

2016年２月、日本やアメリカ、オーストラリア、シンガポールなど、太平洋を取り囲む12カ国がＴＰＰ（環太平洋戦略的経済連携協定）に署名した。実際の発効には、日米両国内での承認が必要となる（日本は12月９日に国会で承認）。

要するに、トランプ氏は、「水漏《も》れがあると水が溜《た》まらないのと同じように、お金が貯《た》まらないのだ」と言っているのでしょうが、一定の引き締めは必要でしょう。お風呂《ふろ》に入るにしても、お風呂の底に穴が開《あ》いていたら、いつまでたってもお湯は溜まりません。トランプ氏は、「まず、そのようなことを止《と》めたい」という意思表示をしているわけで、そのための〝劇薬〟として、かなり乱暴な言葉も使っているのではないかと思います。

そういう意味では、「アメリカの経済が強くなることが、世界に対してどのような影響《えいきょう》を及《およ》ぼすか」ということを、今後とも注目してみたいところです。

以上、国際政治・経済については、今述べたようなことが、第1章「真理への道」を補完することになろうかと思います。

5 小池《こいけ》都知事の「グリーン」に潜《ひそ》む危険性

小池都知事には、橋下徹《はしもととおる》氏のように国政を攪乱《かくらん》してほしくない

また、日本国内を見ると、今年（二〇一六年）の夏に小池百合子《こいけゆりこ》新都知事が登場しました。二百九十万票も取って、自民・公明推薦《すいせん》の候補を破り、幸福実現党の公認候補も破って圧勝しましたが、〝マスコミの風〟に上手に乗ったように思われます。

ちなみに、当会が収録した小池さんの守護霊霊言《しゅごれいれいげん》では、「小池さんは、トルコ共和国の初代大統領、ケマル・アタテュルクの生まれ変わりではないか」というような、彼女にとって有利と思われる内容が出てはいます（『小池百合子　実力の

秘密』〔幸福の科学出版刊〕参照）。ただ、ここも、やや警戒《けいかい》すべきところが出てきたのではないかという気がしているのです。

今、小池さんは、小池塾《じゅく》のようなもの（小池百合子政経塾「希望の塾」）をつくり、政治家希望の人だけでなく、現職の政治家も含《ふく》めて集め、活動しています。

しかし、このままだと、橋下徹《はしもととおる》前大阪《おおさか》市長・元大阪府知事が、地方公務員の身分でありながら、国会議員等を傘下《さんか》に置いて政党をつくり、国政を攪乱《かくらん》したのと同じようなことが、また起きるのではないでしょうか。

小池知事を応援《おうえん》した自民党の議員、特に区議会議員が下村博文《しもむらはくぶん》氏（自民党東京都連会長）によって除名されたりもしているので、その〝意趣《いしゅ》返し〟としての戦いが始まるのではないかという感じがします。

ただ、そうした個人的な戦いのために政党をつくり、国政を揺《ゆ》さぶったりするのは、大阪の例でもう十分です。もう、そんなことはやってほしくないという気持ちを私は持っています。

環境《かんきょう》問題を言いすぎる小池都知事には「経営感覚」がない？

結局、自民党の都連は、小池知事からすれば〝野党に見える〟のでしょう。つまり、「自分の与党《よとう》が欲《ほ》しい」ということで、「新しい政党をつくりたい」という気持ちがあるのだと思います。ただ、それには素直《すなお》には〝乗れない〟気持ちがあるのです。

その理由の一つが、彼女のこの夏以降の仕事ぶりです。それを見ると、「小池さんには経営感覚がないのではないか」ということが、私には感じられるのです。

例えば、「築地《つきじ》市場の豊洲《とよす》移転の問題」があります。実際、豊洲には、ときどき私も映画を観《み》に行くときに寄ったりするのですが、築地の市場が移転できるようにほぼ完成していますし、住宅として、マンション類もそうとう建っています。

また、そこに行くための高速道路もかなりの部分ができており、あとはつなぐばかりのところまで完成しているのです。

ところが、小池知事は、この現状を見てストップをかけ、移転に対して否定的なことを言いながら脚光《きゃっこう》を浴びるというスタイルを取っています。こうした政権運営というか、マスコミ操縦で人気を取るやり方というのは非常に危険だと思いますし、彼女の政治手腕《しゅわん》のなかに、大きな弱点があることを感じるのです。

また、都知事選挙のときに、小池陣営《じんえい》は、「緑の色のものを持ってきてください」というような運動をしていましたが、緑、グリーンは「環境《かんきょう》」を意味します。そして、保守の側にいたとしても、あまり「環境問題」につ

2016年の東京都知事選で、緑色の鉢巻を締めて街頭演説をする小池百合子氏と緑色のポロシャツを着たスタッフ。

いて言う人というのは、基本的に左翼《さよく》と同じ考えを持つ傾向《けいこう》が強いのです。

つまり、開発や発展に対しては、マイナスの考えを持つ傾向が非常に強くて、「緑の党」のような感じになると、だいたい「開発反対」になってきます。その結果、映画「平成狸《たぬき》合戦ぽんぽこ」（一九九四年公開、スタジオジブリ制作のアニメ映画）風に、団地建設反対の狸や狐《きつね》が暴《あば》れるような感じの運動になってくるわけです。

もちろん、宗教的には、それも護《まも》らなければいけないとは思いつつも、やはり、限度というものがあるのではないでしょうか。

映画「平成狸合戦ぽんぽこ」
（1994年公開／東宝）

「環境左翼《かんきょうさよく》がもたらす弊害《へいがい》」と「マスコミへの疑問」

やはり、豊洲の市場をあそこまでつくり、高速道路も途中《とちゅう》までつくっておきながら、ここで中止したり先延ばしにしたりするのは問題だと思います。それは、民主党（現・民進党）政権ができ、鳩山《はとやま》（由紀夫《ゆきお》）首相のときに、七割ができているダム（八ッ場《やんば》ダム）の建設を「中止する」と言ったことと同じでしょう。水没《すいぼつ》することになる町の住民をすべて高台に引っ越《こ》しさせたりして進めていたダムの建設工事を、中止すると費用がもっとかかるにもかかわらず、止《と》めてしまいました。

ところが、その後、東日本大震災《だいしんさい》によって原子力発電の危機の問題が起きたわけですから、水力発電を止めたことに正当性はまったくなかったと思われます。

また、太陽光パネルが全国に普及《ふきゅう》しつつあり、これについては、一部、政商の懐《ふところ》を肥やした面もあったのかもしれません。ただ、日本の政策が非常に複雑になってきたため、日本人の「核《かく》アレルギー」をうまく利用して、「原発でつくったエネルギーは買いたくない」というような左翼《さよく》運動も起き始めているのではないでしょうか。

このように、気をつけないと「環境《かんきょう》問題」も左翼運動と一体化してくるのです。あるいは、「社会福祉《ふくし》」もそうでしょう。現代的には、共産主義や社会主義という考え方が〝かっこ悪い〟ので、保守の側では、「社会福祉」という言葉で、その分を黙《だま》らせようとしています。

つまり、年金や老後の問題、医療《いりょう》問題に全部すり替《か》えて、実際上、共産主義、社会主義がやろうとしていることをやり、その不満分子を吸収するようにしているわけです。

そして、そのもう一本の流れが「環境保護」なのです。

今、「環境左翼」といわれる人たちが、開発を邪魔《じゃま》するなど、いろいろなことをして近代化・発展を遅《おく》らせ、さらには、投資したお金を無駄《むだ》にして焦《こ》げ付かせています。そうなると、ある程度まで開発していながら、ペンペン草が生《は》えているような状態がずっと続くわけです。あるいは、ある程度まで、いろいろなものをつくりながら、途中で資金が切れたり、やる気がなくなったりするようなことがたくさん出てくるということでしょう。

確かに、小池知事は、「マスコミはどのようにしたら反応するか」ということについてはよくご存じのようではあります。しかし、「国家経営」ならぬ「東京都経営」においても、けっこう厳しいものがあるのではないかと思うのです。

それでは、この点において、前東京都知事の舛添《ますぞえ》（要一《よういち》）氏の手腕は、どうだったのでしょうか。

彼は、個人的には、公務員的な考え方で、「領収書を取って経費で落とせば、自分の収入を使わないでもやれる」というようなことを、せこくやったかもしれません。それを「みっともない」と見るかどうかという問題はあるでしょう。

ただ、都知事として、政治に関しては、やるべきことをやっていたと思うのです。その意味で、「今年（二〇一六年）の夏に騒《さわ》いで、彼を無理やり引きずり降ろしたのは、本当によかったのかどうか」ということについては、大きな疑問があります。

おそらく、都知事が舛添氏のままであれば、築地市場の豊洲移転もできたであろうし、〝オリンピック道路〟も開通して、経済的にはさらに活性化することができたでしょう。ところが、今は、どっちつかずの中途半端《ちゅうとはんぱ》な状態になっているため、私は大きな疑問を感じているのです。

したがって、今後、小池新党のようなものをマスコミが焚《た》きつけ、政局を大きく揺さぶるようになることは望ましいことではないと、私は思っています。

環境《かんきょう》左翼《さよく》の人たちが煽《あお》る恐怖心《きょうふしん》の根底には「唯物論《ゆいぶつろん》」がある

今年（二〇一六年）は映画「シン・ゴジラ」も流行《はや》りましたが、そうした環境《かんきょう》左翼《さよく》的なものは、非常にマスコミ受けしやすいのです。しかし、環境左翼については基本的に、考えのない人たちの動きだと思ってよいでしょう。

結局、彼らは恐怖心《きょうふしん》を煽《あお》っているのであり、その恐怖心のほとんどは、「自分の人体に関する恐怖心」なのです。

もちろん、そうした「人体に関する恐怖心」には、一部、正当なものもあるかもしれません。ただ、その根底には、ある種の「唯物論《ゆいぶつろん》」があるのではないでしょうか。要するに、唯物論があるために、この世的な生命の安全というか、自己保存の考え方が正当化されるわけです。そうした思想が環境左翼なのではないかと思います。

しかし、もしも自然のままがよいのであれば、「近代化は、全部間違《まちが》い」ということになりかねません。そうなると、「江戸《えど》時代がよかったのか、平安時代がよかったのか、もっと古代の、奈良《なら》の石舞台古墳《いしぶたいこふん》の時代がよかったのか」ということにもなりますが、おそらく、そういうわけではないでしょう。

奈良には「石舞台古墳」という古墳があって、大きな石で囲ってあります。それは、お墓《はか》なのかもしれませんが、今、「マンションの代わりにあそこに住め」と言われたら、どんなお金持ちでも嫌《いや》がるはずです。ただ、昔は、あれでも威勢《いせい》を誇《ほこ》っていたのだと思います。

いずれにせよ、環境左翼もほどほどにしなければいけないところはあるのではないでしょうか。

例えば、今も成田《なりた》空港には一坪地主《ひとつぼじぬし》のようなものが残っていて、まだ立て札《ふだ》が掛《か》かっているのを見かけますが、私は、そういう意味での公共心のない人たちはあまり好きではありません。

もちろん、一坪を買い占《し》め、売らずに頑張《がんば》って反対するのは結構ですが、もし、自分が海外へ行くときに成田空港を使っているのであれば、許せないと思います。そのような偽善者《ぎぜんしゃ》を許すことはできません。やはり、「環境に優《やさ》しい」という言葉を、すべてに通用する万能手形《ばんのうてがた》のように考えるのは問題ではないでしょうか。

その意味で、小池知事の問題は、「環境」を言いすぎるところです。そして、実は、「マネジメントの思想」「経営の思想」が抜《ぬ》けているのではないかということも気になります。

ただ、これは安倍《あべ》首相に足りないものと、ある意味では同じなのかもしれません。彼はお金をいじろうとしますが、そこに倫理《りんり》観がないのが欠点なのです。

それと同様なことが、小池知事のほうにも言えると思うので、これについても一定の警告は発しておきます。

政治の論点として追加すべきことは、以上です。

第3章

ポスト・グローバリズムへの経済革命

――「政治の論点について」質疑応答

二〇一六年十二月八日

幸福の科学 特別説法堂《せっぽうどう》にて

Q　トランプ大統領の誕生と、今後のＴＰＰのあり方について

質問者
大川裕太《おおかわゆうた》（幸福の科学常務理事　兼《けん》　宗務《しゅうむ》本部総裁室長代理　兼　総合本部アドバイザー　兼　政務本部活動推進参謀《さんぼう》　兼　国際本部活動推進参謀）

大川裕太　昨日《きのう》のエル・カンターレ祭御法話《ごほうわ》に続いて本日の御法話を賜《たまわ》り、まことにありがとうございます。ＴＰＰ（環《かん》太平洋戦略的経済連携《れんけい》協定）の問題について、少し掘《ほ》り下げて質問させていただきます。

今、日本において最も成功している経営者というのは、例えば、ユニクロ（ファーストリテイリング）のように、中国や東南アジアに投資し、安いコストで製品をつくっている会社の経営者であり、そうしたところが大きな企業《きぎょう》となっています。しかし、今後、ＴＰＰをトランプ氏が拒絶《きょぜつ》していき、また中国との関係等で安全保障の危機が高まっていく時代になると思いますが、そうしたなかで、はたして、このような企業の流れが今後も成功していくのでしょうか。やはり、「国内産業をもっと立て直さなければいけないのではないか」といった声も聞こえてくるかと思います。

幸福実現党も、これまでは基本的にＴＰＰの推進を支援《しえん》してきましたけれども、今後の考え方についてお教えいただければありがたく存じます。よろしくお願いいたします。

日本経済が衰退《すいたい》した原因は「グローバリズム」にあった

大川隆法　オバマ大統領というのは理想主義者なので、傍目《はため》から理想的に見えるようなことをしたがる傾向《けいこう》のある方であり、やはり、経営思想がないのではないかと思います。

ＴＰＰの項目《こうもく》によっては、ある国に有利になったり不利になったりするようなことは、もちろん、数多くあるでしょう。ですから、トランプ氏としては、「それをすべて甘受《かんじゅ》せよということであれば、アメリカの損失のほうが大きくなる」と感じたのではないでしょうか。

アジアの各国においては、第一次産業レベル、第二次産業レベル、第三次産業レベル、一部には第四次産業●レベルまで行っているところもあるかもしれませんが、それぞれの国の発展度に差があるので、完全な意味でのフリートレード（自

●第四次産業　産業分類上の概念の一つで、物質やエネルギーの大量消費を伴わない産業のこと。情報通信産業、ソフトウェア産業などがある。

由貿易）はなかなか成り立たない面があるように感じます。

そのため、基本的に、オバマ大統領のやり方では、外へ持ち出していくような弱々しいかたちに見え、撤退《てったい》していく印象が非常に強かったところはあるでしょう。

したがって、トランプ氏が出てきたことは、ある意味においては、「アメリカのメキシコ化」が進んでいくことに対しての警鐘《けいしょう》だったと思うのです。

ブラジルなどでも、リオデジャネイロにあれほど貧困《ひんこん》層が広がっている状態であるにもかかわらず、「われわれが食えていな

演説するドナルド・トランプ次期大統領（アメリカ・オハイオ州）。

いのに、こんな施設《しせつ》をつくって、オリンピックなんかやって、どうするんだ」というようなところがそうとうありました。アメリカにおいても、そのような流れが強く出てくるか、あるいは、国内で経済的に食べていけない失業者が多いことをまず改善して力をつけるか、ここは考え方として分かれるところではあるでしょう。

日本がこの二十五年間で衰退《すいたい》したことには幾《いく》つかの原因があると考えられますが、私は、その核心《かくしん》は「グローバリズム」だと思うのです。

グローバリズムそのものは、主としてアメリカ発信のものではあったものの、結局、ある意味においては、「万国《ばんこく》の労働者よ、団結せよ」という共産党のスローガンと似たようなところがあったのかもしれません。

それ自体はもともと資本主義的なものだったはずであり、「アメリカンスタンダードを広めれば、世界が豊かになって、幸福になれる」という考えだったのでしょうけれども、どこにでも同じルールを適用していくと、結果として共産主義に似てくるところがあるわけです。

アメリカ人自身のなかにも、「グローバリズムによって利を食《は》める」と考えた人たちはいたのだと思います。ただ、実際上は国内産業が壊滅《かいめつ》していきました。自動車産業も壊滅し、石炭産業も壊滅し、大勢の人が失業のなかに置かれて、さまざまなものが人件費の安い国に奪《うば》われています。

そして、そうした人件費の安いところでつくられた商品がアメリカになだれ込《こ》むように輸入され、「もし、それが無関税状態で入ってくるようになれば、国内の雇用《こよう》はいっそう悪化していくだろう」ということが、トランプ氏の考えたことでしょう。

若いころに私が体験した「外国の生活の豊かさ」

しかし、それは、かつての日本が考えたことと同様のものではありません。私の成長期には、海外貿易の自由化が進むことに対して必死に抵抗《ていこう》する時期がありました。「日米貿易摩擦《まさつ》」といわれる時代の一つで、国内にオレンジが自由に入ってきたり、牛肉が自由に入ってきたりすることに対し、自民党の支持母体である農家を中心に、激しく抵抗をしていました。

しかし、アメリカやオーストラリアの人からは、「なぜ日本人は十倍も高い牛肉を食べ続けるのか、さっぱり分からない」というように見られました。「贅沢《ぜいたく》品《ひん》として高級牛肉を食べるのは、まあ、よいとしても、一般《いっぱん》の人たちの食事情をよくするのだったら、そういう障壁《しょうへき》は少ないほうがいいのではないか」ということで、関税の壁《かべ》を開けろという圧力がそうとうかかってきたわけです。

ただ、そういう時代に育った私も、若いうちに海外経験をしたときに、「ああ、外国ではこんなに豊かな生活をしているんだ」ということを知ったのは、やはり、驚《おどろ》きではありました。

オーストラリアへ行っても、牛肉などは食べ放題で、誰《だれ》もが毎日のようにステーキを食べられるし、牛乳も二リットル瓶《びん》で出てきます。オレンジジュースも同様でした。アメリカでも、フロリダオレンジが安く、ニューヨークの街角《まちかど》ではギュッと搾《しぼ》られたジュースを一ドルで飲めたのです。

それに比べて、日本のものの悪口を言ってもいけないのですが、愛媛《えひめ》みかんなどはけっこう酸《す》っぱいと感じました。甘《あま》いところまで行ったものはあまりなく、小さくて酸っぱいものをたくさん食べさせられました。「『みかんを護《まも》るためにフロリダオレンジを入れないようにする』といっても、これは種類が違《ちが》うじゃないか」というようなことは、あちらへ行ってみてよく分かりました。

アメリカの独立記念日にフロリダへ行ってみたときにも、ホテルの受付のところにフロリダオレンジが積み上げられていたので、「これ、何ですか？」と訊《き》いたところ、「タダですので、取って食べてください」と言われたのです。「これを部屋へ持っていって食べていいんだな。ああ、これはほんとにおいしいし、甘いし、ジューシーで量もあるし、豊かなんだなあ」と感じたのを覚えています。

もっとも、気をつけないと、その結果として肥満になり、生活習慣病対策が必要になるなどの医療《いりょう》問題が起きるので、考えとしては、そういう面もあるでしょう。

しかし、昭和三十年代には、日本にはまだ結核患者《けっかくかんじゃ》や栄養失調の人なども数多くいました。私の子供時代には、牛肉などというものは週に一回も食べられたらものすごくよいほうだったのですけれども、それは輸入制限をしていたからです。

その意味では、開放すること自体は悪いことではなく、そういうかたちで壁となっているものは取り払《はら》ったほうがよいかもしれません。

「円高問題」が産業の空洞《くうどう》化を招いた

ただ、日本の企業が海外に工場を移転し始めたのは、円高問題がきっかけだったと思うのです。

円高になると輸入は楽になるものの、輸出は不利になります。ところが、日本ではなかなか消費社会にならないので、輸入による好景気をつくることが十分にはできません。そうは言っても、輸出では製品が海外では割高になって売れなくなるため、「いっそのこと、現地でつくってしまえ」ということで、現地生産をするところも増えていきました。それによって、現地の所得になり、

中国広東《カントン》省にある日系電機メーカーの工場。

現地の従業員の給料になり、現地の税金になるわけです。その意味では、海外に工場を出したところのなかには豊かになったところもありました。

例えば、ユニクロ（ファーストリテイリング）は、山口県宇部《うべ》市の洋品店が全国に展開し、海外にも展開して、中国を中心としたアジア諸国で製品をつくるようになったほどに巨大化《きょだい》していますが、その会長・柳井正《やないただし》氏自身、安売りによって日本一の大金持ちになっているわけです。

その要因としては、製造コストを非常に低く抑《おさ》えられたために、安売りであっても利益率を極《きわ》めて高くすることができたということです。現地生産を始めたころは中国の人件費が日本の十分の一ぐらいだったと思われるので、日本とまったく同じ工程をしっかりと教え込んでつくれば、製造コストが安く、利幅《りはば》も十分に取れたため、安く売っても意外と利益が出て、次々と店舗《てんぽ》や工場を展開できたわけです。

その代わり、これは明らかに、「日本の国に対する税金は払わない運動」であったことも事実でしょう。要するに、会社の利益としても税金を払っていないし、従業員の給料からの税金も払っていません。日本の国が得るべき所得税はもらえていないし、会社の法人税ももらえていないことになります。

これを「産業の空洞化《くうどう》」と言いますが、そういうことが九〇年代から流行《はや》っていき、結局は、これが日本経済の発展を止めていったのではないかと思います。

肥大化し、「富の搾取《さくしゅ》」を始めた中国

もちろん、それには企業の生き残りがかかった部分もあるでしょう。しかし、最も問題だったのは、その企業エゴイズムによって海外へ出ていったものが、結局、中国経済を何十倍にも肥大化させ、そうして貯《た》まったお金を、中国は、次に戦略・戦術方面へと転化し、覇権《はけん》主義・軍国主義のほうに移行しつつあるという

ことです。

今、中国は人口が増えていますが、おおよそ、「人口の増えた国は戦争をする」というのが歴史の法則でもあるので、次にはアジアの国々が狙《ねら》われ始めているわけです。したがって、香港《ホンコン》が北京《ペキン》政府によって次第《しだい》に自由を奪われつつあるように、おそらく、中国の傘下《さんか》に入った他の国も同じような状態になっていくことでしょう。

そのなかで中国が求めていることは「富の搾取《さくしゅ》」であり、これは共産主義の理想に反したことですが、実際にそれを行おうとしているのだろうと思います。そうした中国的なものをヨーロッパ、アフリカまで広げていこうと、彼らは考えているところなのでしょう。

一方、トランプ氏が考えていることは、「この貿易構造を変えないかぎり、中国にお金が貯まり、アメリカの財政赤字や貿易赤字等が続いていく流れを止められないので、国内をもう少し富まさなければいけない」ということでしょう。そこで、「国内の従業員を増やして失業率を減らしつつ、納税者を増やしていくことで国を充実《じゅうじつ》させる」、また、「違法《いほう》移民や犯罪者等を国内にたくさん溜《た》めないようにする」といったことで、国の立て直しを図《はか》ろうと考えていると思います。

要するに、〝沈没《ちんぼつ》しかかっているタンカー〟をもう一回浮《う》かせようとしているわけです。これでもって、自由に意見を言えるようにしよう、政治的な意見も言えるようにしようという流れだと思います。

トランプ氏の戦わずして勝つ「対中国戦略」とは

私もTPPに賛成したことはありますけれども、これは、中国がAIIB《エイアイアイビー》（アジアインフラ投資銀行）を中心とする経済網《もう》をつくり、「金を貸し付ける」と称《しょう》して、自国のシーレーンを護《まも》ろうとしていることへの対抗策でもありました。

石油タンカーがマラッカ海峡《かいきょう》を通らずしては、中国経済も崩壊《ほうかい》します。石油が入らなくなると、中国経済も危なくなるので、アラビア半島から中国への航海ルートを押《お》さえたいところでしょう。そのため、周りの国に言うことをきかせ、自分たちの思うとおりにしたいと思っているはずです。中国は、自国のタンカーも停泊《ていはく》できるような港湾《こうわん》づくりをするために他国にお金を出しており、例えば、スリランカの港を整備させるなど、さまざまなことをしていて、ヨーロッパのほうにまでその手を伸《の》ばそうとしているわけです。

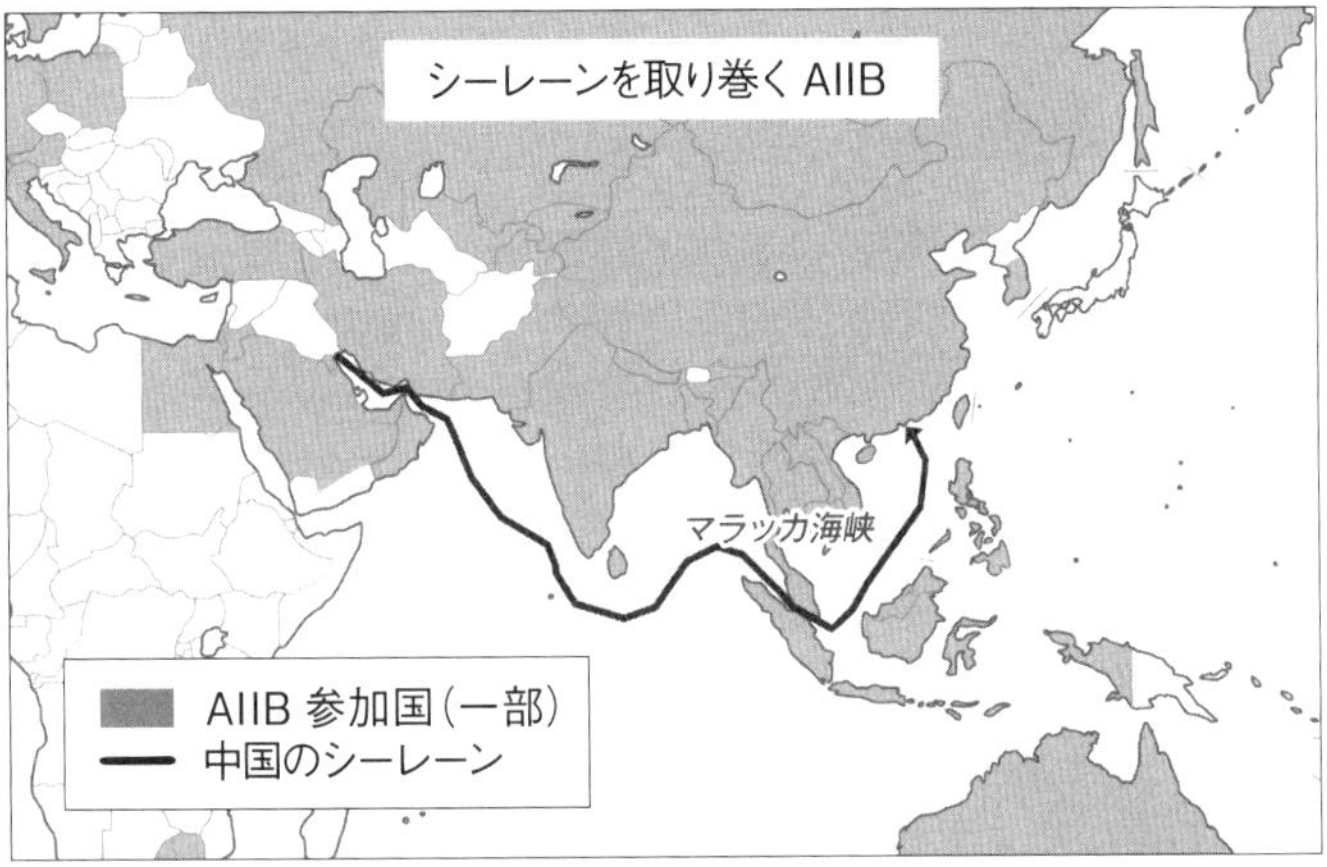

AIIB（アジアインフラ投資銀行）は、中国が提唱するアジア向けの国際金融機関。アジアやアフリカ、ヨーロッパ等の57カ国が創設メンバーとなった。

ＴＰＰにはこれに対抗する意味があり、中国を外しての環太平洋自由圏《けん》の確立にあったと考えられるので、その観点では、「中国への対抗策として、日本もＴＰＰに参加するしかないだろう」という見解を私も持っていました。

しかし、今、もう一つの考え方として、トランプ氏からは、原点に戻《もど》って、「二国間の貿易において著《いちじる》しい不均衡《ふきんこう》があった場合、これを調整する方法としては、やはり、国の関税自主権でもって調整すべきだ」という考えが出てきたと思われるのです。

片方の国のみが一方的に儲《もう》けているような状況《じょうきょう》であるのは、やはり、おかしいと言わざるをえません。また、そうした状況でもって儲けたお金が、よいことのためだけに使われるならばともかく、軍事的拡張主義や核兵器の増大のために使われていくのであれば、たまりません。

そこで、「原点に戻り、もう一回、国対国における採算を見直そうではないか」

というわけです。

「米国の企業は、あっさりと海外展開するのではなく、戻ってこい。海外で安くつくったものだから、アメリカで安売りできると思うなら大間違いだ。それを輸入するときに関税をかけてやる。海外に行ったら、三十五パーセントかけるぞ。一方、国内でつくるのは、国に奉仕《ほうし》しているから構わない」ということで、今、具体的に目に見えるかたちでの雇用をつくろうとしているわけです。

これは、経済面における「トランプ革命」の一つであると言えます。ただ、これが成功するかどうかについては、現時点では、多くの識者たちにはまったく分からない状態にあるでしょうが、私は、「実験する価値は十分にある」と思っています。

この二十五年間での米中における問題として挙げられることは、中国が対米に関しては非常に緩《ゆる》い基準でもって多額のドル預金、さらに米国国債《こくさい》を持ってしまい、米国の政治を揺《ゆ》さぶれるまでの力を持つに至ったということがあります。

これに対し、トランプ氏としては、おそらく、まずは中国が持っているドル債券、アメリカから儲けた部分を減らそうとするでしょう。これは、軍事的な戦い以前の、いわゆる〝兵糧《ひょうろう》〟の問題です。兵糧戦であるため、「そう長くは戦えず、大きな戦いができないようにさせよう」としているのだと見ています。

そのように、発想は経営者でありながら、「軍人としての発想」もしっかりと持っていると思われます。「まずは兵糧攻《ぜ》めからする」というのは、戦わずして勝つ方法の一つです。

要するに、「アメリカとの関係が悪くなると、中国が赤字になることだってありえる」という状態に持っていくことで、もう少し交渉《こうしょう》ができるようになったり、言うことをきくようになったり、あるいは、「人権外交」などと言っても内容が通じる国になる、というような考えなのでしょう。

これは、「コロンブスの卵」的なものかもしれません。国家のよりいっそう発展したかたちと思われた「グループ的な国家の経営」については、ＥＵのほうも破綻《はたん》しつつありますし、太平洋圏でもそういうものをつくろうとしましたけれども、「これを弱いリーダーが引っ張っていくと、破綻する傾向が出てくる」というように見たということでしょうか。

「トランプ革命」が日本企業《きぎょう》にもたらす影響《えいきょう》

しかし、日本政府のほうは、「ここまで来たのに、今さらＴＰＰをやめられるか」ということで、「トランプ氏が〝発狂《はっきょう》〟した」というような言い方をして、とりあえず法案だけ通してしまってから対応しようとしています。

トランプ氏が「大統領に就任したら、ＴＰＰへの参加を拒否する」などと言っていることに対し、「まあまあ、そう言わずに」となだめ、ゴルフのクラブをプレゼントしたりしてご機嫌《きげん》を取りながら、ゆっくりとＴＰＰについて勉強してもらって、「やっぱり、入らないと損だね」という感じに持っていこうとしているのだと思いますが、少々〝甘い〟のではないでしょうか。

トランプ氏の考えはもっとストレートだと思われます。ずばり、中国の利益体質のところを減らそうとしていると見てよいでしょうし、それは軍事にもつながるものであると考えます。すなわち、「戦わずして勝つためには、そうせざるをえない」という考えではないかと思うのです。

これがオバマ大統領の戦い方であれば、中国の覇権拡大を止められず、本当にハワイまで取られる恐《おそ》れがあります。それでは、すでに第一列島線、第二列島線のところまで完全支配に入っていこうとしている動きを止められません。したがって、「ここで中国の資金の元を止め、中国を利している部分を抑えなければならない」ということです。

要するに、中国製品がいくら安くても、関税をかければ高くなるわけです。もちろん、一時期、国民の不満は出るでしょうけれども、アメリカ国内のほうは、タンカーの片側から水が入ってきて傾《かたむ》いていたところを、排水《はいすい》することでバランスを元に戻す力はあるということでしょう。

そうであるならば、日本の取るべき態度としては、どうあるべきなのでしょうか。日本においても、円高が進む間に、国内の産業が空洞化するぐらいまでに、数多くの企業《きぎょう》が海外へ進出しましたが、「トランプ革命」が進んでいくと、おそらくは、日本にも影響《えいきょう》が出てくると思われるのです。

要するに、「国に税金を払わず、海外で安くつくってぼろ儲けしていた企業に対する社会的非難が出てくるのではないか」ということです。

国内ではこの二十五年間、経済的にはまったく発展が止まった状態であり、政府は、日銀から大量の資金を供給して、ゼロ金利あるいはマイナス金利まで踏《ふ》み込んで経済の発展をさせようとしているにもかかわらず、まったく進まない状態です。そうであるならば、これはやはり、国内の企業をもう少し活性化させるための方法を取らなければいけないでしょう。

安い人件費でやっているところから、日本を通さずして、ほかのところに売っても構わないというのは、要するに、企業がグローバル化することによって、「税金逃《のが》れ」をできる体制ができてしまったことを意味します。これをもう少し、「国内に税金を払ってくれる体質へと戻す必要がある」のではないでしょうか。

ある意味では、「愛国心が薄《うす》れてしまった部分を、企業にも取り戻してほしい」というところが出てきているのではないかと思います。

再び、日米が世界をリードする時代が来る

そのどちらが成功するかということについては、多少分かりにくい面もありま

すが、おそらく、「トランプ革命」によるメッセージ性には、そうとう強いものが出てくるでしょう。

アメリカが国内へ企業の呼び戻しに入り、雇用を生んで、税金も国内で払わせるということにすると、どうなるでしょうか。海外でいくら安くつくったところで、「輸入関税をかける」という強い方針を出せば、これは必ず波及《はきゅう》するしかないので、やはり、ある程度、優位に立っていた国が、もう一段、経済的に内容をよくすることはできると思います。

その後、そうした経済的な力をどのように使うかというところについては、やはり、智慧《ちえ》でもって考えていくということでしょう。

したがって、「中国の一人勝ちを止める」ということであれば、ＴＰＰも一つの案ではあったけれども、「もう一回、関税の自主権を取り戻し、国対国の採算を点検していく」というトランプ型の考え方も一つの方法としてはあるでしょう。

その根本《こんぽん》は、結局、九〇年代から始めたグローバル化の問題だったのであり、「グローバル化というものが、資本主義の発展のようにも見えながら、現実には共産主義の蔓延《まんえん》と裏表《うらおもて》の関係だった」ということです。

そのように、すべてのものを同じ基準にしていこうとする考え方は、結局は、共産主義的な発想と同じ、裏表になってしまったということでもあります。自由であるということのなかには、もう少し自主性がなければいけないのです。

それまでは「人件費が安い」というだけで呼び込めていたところであっても、やがて、そこも高くなっていきます。産業として成熟してくると、以前は呼び込めたものでも、いずれはそこが高くなってくるので、メリットがなくなり、そのうち衰退していくことになりますから、もう一段、高度に発展しなければ駄目《だめ》でしょう。

途上《とじょう》国が高度な発展をするためには、要するに、「教育投資」と「産業のインフラ投資」、それから、「犯罪等の抑止《よくし》」といったことをしないかぎり、一流国にはなりません。そうした努力を伴《ともな》わず、貿易だけで経済黒字を出そうとしても、それは続かないものになるでしょう。

現時点では善悪をはっきりとつけるのが難しいことではあるものの、世界最強のスーパーパワーであるアメリカのほうが「国論をはっきり変える」ということであるならば、やはり、日本としてもその流れのなかに入るべきでしょう。

また、この考え方で勝利することができたならば、私が先のニューヨーク講演のなかで説いたとおり、日米が基本的に共有している価値観によって、あと三百年は世界をリードしていく時代をつくるこ

2016年10月2日、ニューヨークのマンハッタンにあるホテルで行われた英語講演"Freedom, Justice, and Happiness"の様子。

とができるはずです（注。二〇一六年十月二日、ニューヨークのマンハッタンで、"Freedom《フリーダム》, Justice《ジャスティス》, and《アンド》 Happiness《ハピネス》"（自由、正義、そして幸福）と題して英語講演を行った。『大川隆法　ニューヨーク巡錫の軌跡　自由、正義、そして幸福』（幸福の科学出版刊）参照）。

その意味では、アメリカや日本は、経済的にもう一段の充実を図り、その力を背景にして世界的なリーダーになれる道のほうがよいのではないかと思っています。

ニューヨーク講演を記録したビジュアルブック。
『大川隆法 ニューヨーク巡錫の軌跡 自由、正義、そして幸福』
（2017年１月発刊予定、幸福の科学出版刊）

「バラマキ型」と「緊縮《きんしゅく》財政」の間で苦しむＥＵ

かつて、そうした構造的な不況が始まる前には、日米のＧＤＰを合わせたら世界の五十パーセント近くの経済を占《し》めていたときもあります。そのときの力はそうとうなものだったでしょう。

そのため、実は、ブロック経済としてEUができたようなものなのです。それは日本に潰《つぶ》されないためにヨーロッパ諸国が連合してできたものだったと言えます。今、そのEUも〝ばらけて〟きつつありますけれども、そちらが本来の姿なのではないかと思います。

国によって、勤勉に働いているところもあれば、そうでないところもあるので、やはり、自分の国の運営について、もう一段の責任を持つべきです。

それを、EUの統合政府のようなかたちで、政治も経済も一緒《いっしょ》にできるかといえば、結局、「バラマキ型の政治」しかできないということになります。

しかし、その中心であるドイツが緊縮《きんしゅく》財政の親元であるならば、バラマキ型もできない状態になってくるので、結局は、お互《たが》いの首を絞《し》める関係の連合にしかすぎないと考えられます。

したがって、ＴＰＰについても、理念としてはよろしいものであり、全体が発展している状況においてはよい方向として出てくる可能性もあるのですが、その中心国であるところのアメリカや日本が経済的にまだ、もうひとつ厳しい状況であるので、もう一段の発展をしないと、なかなか難しいものがあります。

あくまで中国の統計が正確であればの話ですけれども、「今のままであれば、あと五年もしないうちに、アメリカは経済的な面で中国に抜《ぬ》かれるかもしれない」と言われています。日本については、中国に抜かれたかと思うと、あっという間に二倍の差になったなどと言われています。これは嘘《うそ》か本当か分からず、狐《きつね》につままれたような状態ではありますけれども、「中国の経済力が日本の二倍になった」などというと、急に戦意がなくなってくるところがあるかもしれません。

さらに、アメリカのほうが中国よりもＧＤＰの多いうちはまだよいものの、数年後、中国に抜かれるようなことになれば、中国は「軍事的にも経済的にも世界一だ」などということを宣伝し始め、もっとわがままになってくるでしょう。ですから、この経済的な面で、どういう楔《くさび》を打ち込んで抵抗するかということは、大きな戦略であると考えます。

そのようななかで、オバマ大統領とは違い、トランプ氏は、「ＴＰＰによって環太平洋諸国が連合したところで、強くはならない」というように見たのでしょう。これは、経済的なばらつきや、モチベーション、社会的インフラ、道徳律、いろいろなもので落差がありすぎるため、うまくいかないということなのです。

現実に、アメリカ大陸、北米・中米・南米地域を見ても、特に南米では反アメリカになっているところが多く、あまり発展もしていません。そのように、現実に足下《あしもと》でうまくいっていない部分があって、誰もが「国対国で連合を組むよりは、アメリカに逃《に》げ込んだほうが勝ち」「移民としてアメリカに流入し、アメリカ人になったほうが儲かる」などと考えている状況であるのならば、「自由なＥＵのようなものをつくったとしても、結局、アメリカは損するだけだ」と考えたのではないでしょうか。

これは、一見、エゴイズムにも見えるかもしれませんが、やはり、〝巨大タンカー〟としての、あるいは〝司令塔《とう》〟としてのアメリカが立ち直るということは、非常に大きなことではないかと、私は思っています。したがって、ＴＰＰに賛成してはいましたけれども、「トランプ革命」によってこれが違う方向を取るのであれば、日本もいちおうこの意を汲《く》んで、同じような考え方を取っていったほうがよいのではないでしょうか。

その結果、これまでは努力せずして利益を得ていた国々の一部に不満が出てくることもあるかもしれません。

また、そういうところに対し、中国がお金をちらつかせることによって取り込もうとする動きも、当然ながら出てくるでしょうが、この中国の利益のもとであるところを、兵糧攻めで〝締《し》め上げ〟、外貨を稼《かせ》げない体質にする必要があるのです。

要するに、元《げん》のレートもずっと〝緩い〟ままなので、これを〝締め上げ〟ていくことによって「適正なレベル」にまでしなければいけないわけです。

そうすることによって、中国もそのようなことをできなくなってくるのではないでしょうか。

この考え方のなかにあるのは、「平等」ではなく、「公正とは何か」という考えだと思うのです。

こうした考えは、世界全体で共通認識を得るところまではまだ行っていないでしょうが、トランプ氏が狂《くる》っているわけではありません。彼の考え方のなかには、何らかの天才的なものがあるのではないかと感じています。

「トランプ政権の見通し」と「日本が取るべき国家戦略」とは

昨日、私は、「オバマ大統領やヒラリー氏への同情とか郷愁《きょうしゅう》のようなものを持っているのならば、安倍《あべ》政権も共倒《ともだお》れとなって一緒に葬《ほうむ》られることになるだろう。だから、決別するのなら、早く決別したほうがよい」ということを述べました（二〇一六年十二月七日、エル・カンターレ祭法話。本書第1章「真理への道」参照）。

そういうことで、これは大きな流れになることでしょう。もし、この流れから外れたら、日本は、中国にもアメリカにも、どちらにもつかない、〝独自の孤島《ことう》〟になってしまうので、防衛もままならないはずです。

私は、「トランプ氏によって、中国の軍事的な拡張主義を封《ふう》じ込められる」と見ているので、日本固有の問題としては、米国の経済戦略と協調しながら、日本独自で北朝鮮《きたちょうせん》の軍事的脅威《きょうい》を封じ込められる程度の防衛力は持つべきではないかと考えます。

トランプ氏の頭のなかにも、おそらく、そういう考えがあると思うのです。「中国本体は大きいから、日本だけではさすがに無理なので、アメリカのほうでしっかりと封印するけれども、北朝鮮ぐらいは、日本でどうにかしろよ」というところに本心があるはずです。

北朝鮮の軍事的な強硬《きょうこう》策に対して、日本として防衛できる策、打つ手はいくらでもあるのに、何もしないのは、しないものの罪でしょう。それを防衛しなかったものの罪に当たるので、やはり、独自で何ができるかを考えるべきだと思います。防衛策はいくらでもあるはずです。

したがって、憲法の責任にして逃げるのは、判断からの逃避《とうひ》にすぎないと考えています。

現時点における私の考えは、そんなところです。

現実には、トランプ氏が大統領に就任したところで、本当にＴＰＰからの脱退《だったい》を言うかどうか。安倍首相等が下からくすぐって、「まあまあ、まあまあ」と言ったら先延ばしにするようになるか。これはまた、政治の現状がどうなっていくかということはあるでしょうが、トランプ氏の頭のなかはそのような感じになっていると思います。

私は、あの人はそれほど簡単に、大きくは信念を変えない人だと見ています。いちおう、その見通しの下《もと》に、日本のあり方も変えていくべきでしょう。

ただ、今まで、お金や投資がたくさん入ってきていたアジア諸国には、急にそれが止まるように見えることもあるかもしれません。ただ、やはり、自分の国で平和裡《り》に産業を起こしていけるためのインフラなり道徳律なりを高めていく努力は、したほうがいいのではないかと思います。

軍事政権があったり、テロがたくさん続くようなところでもっては、平和裡に経済が発展することはないので、治安をよくし、民主主義的な政治が機能するような国をつくる義務は、それぞれの国にあると考えます。

あとがき

本書は、要するに、「トランプ革命」をどう受けとめ、今後の日本の政治や世界の政治経済をどう考えるべきかについて語ったものである。

アメリカ政治、日本の政治、国際政治などの専門家の意見が混沌《こんとん》としてきている中にあって、考え方の中心軸《ちゅうしんじく》とは何かをさし示したと言ってもよい。

本書で説かれているのは、神仏の考えであるので、特定の政治家とか、国会とかについては、全く考慮《こうりょ》はしていない。

対《たい》ロシア、対アメリカ、対中国、対イスラム、対ＥＵなどを考えていく際の、二〇一七年以降の指針になるだろう。

私の考えは、オバマ―ヒラリー型のリベラリズムを排《はい》して、トランプ革命に合わせて舵《かじ》を切れということである。それが今後三百年の繁栄を実現させるだろう。

二〇一六年　十二月十五日

幸福《こうふく》の科学《かがく》グループ創始者兼総裁《そうししゃけんそうさい》　大川隆法《おおかわりゅうほう》

『繁栄への決断』大川隆法著作関連書籍

『太陽の法』(幸福の科学出版刊)
『伝道の法』(同右)
『正義の法』(同右)
『トランプ新大統領で世界はこう動く』(同右)
『神理文明の流転』(同右)
『大川隆法 ニューヨーク巡錫の軌跡 自由、正義、そして幸福』(同右)
『守護霊インタビュー ドナルド・トランプ アメリカ復活への戦略』(同右)
『ドゥテルテ フィリピン大統領 守護霊メッセージ』(同右)
『小池百合子 実力の秘密』(同右)
『プーチン 日本の政治を叱る』(同右)

『サッチャーのスピリチュアル・メッセージ』（同右）

繁栄《はんえい》への決断《けつだん》
──「トランプ革命」と日本の「新しい選択」──

2016年12月23日　初版第1刷
2017年1月27日　第2刷

著　者　大《おお》 川《かわ》 隆《りゅう》 法《ほう》

発行所　幸福の科学出版株式会社
〒107-0052 東京都港区赤坂2丁目10番14号
TEL(03)5573-7700
http://www.irhpress.co.jp/

印刷・製本　株式会社 研文社

落丁・乱丁本はおとりかえいたします

ISBN978-4-86395-865-4 C0030
カバー写真：AFP＝時事／SPUTNIK/時事通信フォト／時事
本文写真：EPA＝時事／AFP＝時事／ロイター／アフロ／新華社／アフロ／共同通信社

大川隆法ベストセラーズ・国際政治を考える

国際政治学の現在《いま》

世界潮流の分析と予測

大川隆法　大川裕太　共著

核なき世界は実現できるのか？　中国の軍拡やイスラム国のテロにどう立ち向かうべきか？　国際政治学の最新トピックスの「核心」を鋭く分析。

1,500円

ヘンリー・キッシンジャー博士 7つの近未来予言

英語霊言 日本語訳付き

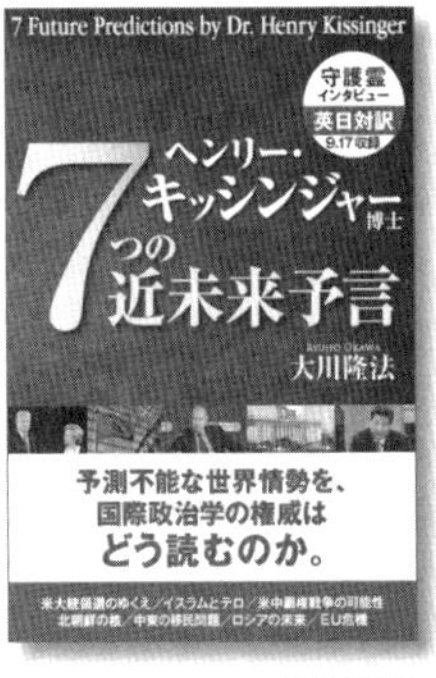

米大統領選、北朝鮮の核、米中覇権戦争、イスラム問題、ＥＵ危機など、いま世界が抱える７つの問題に対し、国際政治学の権威が大胆に予測！

1,500円

元・京大政治学教授 高坂正堯《こうさかまさたか》なら、現代政治をどうみるか

自民党のブレーンやテレビなどで活躍した高坂正堯氏——。その保守の論客が、リアリズムの視点から、日本を取り巻く国際情勢を鋭く分析する。

1,400円

※表示価格は本体価格（税別）です。

大川隆法霊言シリーズ・日本の政治問題を考える

天才の復活 田中角栄の霊言

田中角栄ブームが起きるなか、ついに本人が霊言で登場! 景気回復や社会保障問題など、日本を立て直す「21 世紀版 日本列島改造論」を語る。【ＨＳ政経塾刊】

1,400 円

今上《きんじょう》天皇の「生前退位」報道の真意を探る

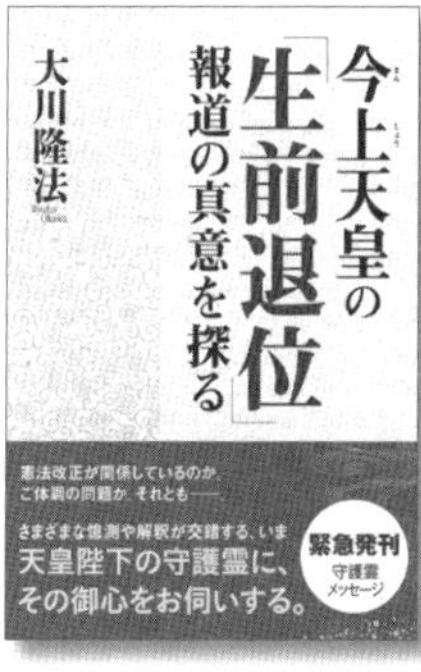

「生前退位」について様々な憶測が交錯するなか、天皇陛下の守護霊が語られた「憲法改正」や「皇室の行く末」、そして「先の大戦」についてのご本心。

1,400円

小池百合子 実力の秘密

孤立無援で都知事選を戦い抜き、圧勝した小池百合子氏。マスコミ報道では見えてこない政治家としての本心から、魂の秘密までを多角的に検証。

1,400 円

大川隆法霊言シリーズ・正しい歴史認識を求めて

原爆投下は人類への罪か？

公開霊言 トルーマン
&F・ルーズベルトの新証言

なぜ、終戦間際に、アメリカは日本に2度も原爆を落としたのか？「憲法改正」を語る上で避けては通れない難題に「公開霊言」が挑む。【幸福実現党刊】

1,400円

マッカーサー 戦後65年目の証言

マッカーサー・吉田茂・山本五十六・鳩山一郎の霊言

GHQ最高司令官・マッカーサーの霊によって、占領政策の真なる目的が明かされる。日本の大物政治家、連合艦隊司令長官の霊言も収録。

1,200円

公開霊言 東條英機、「大東亜戦争の真実」を語る

戦争責任、靖国参拝、憲法改正……。他国からの不当な内政干渉にモノ言えぬ日本。正しい歴史認識を求めて、東條英機が先の大戦の真相を語る。【幸福実現党刊】

1,400円

※表示価格は本体価格（税別）です。

大川隆法シリーズ・最新刊

三木武夫元総理の霊言

戦後政治は、
どこから歯車が狂ったのか

赤字国債、政治資金規正法、国防軽視、マスコミ権力の台頭……。今日まで続く政治課題の発端となった「三木クリーン政治」の功罪を検証する。【幸福実現党刊】

1,400円

映画「君の名は。」メガヒットの秘密 新海誠監督のクリエイティブの源泉に迫る

緻密な風景描写と純粋な心情表現が共感を誘う「新海ワールド」──。その世界観、美的感覚、そして監督自身の本心に迫る守護霊インタビュー。

1,400円

経営戦略の転換点

危機を乗りこえる経営者の心得

豪華装丁
函入り

経営者は、何を「選び」、何を「捨て」、そして何を「見抜く」べきか。"超"乱気流時代を生き抜く経営マインドと戦略ビジョンを示した一冊。

10,000円

幸福の科学グループのご案内

宗教、教育、政治、出版などの活動を通じて、地球的ユートピアの実現を目指しています。

幸福の科学

一九八六年に立宗。信仰の対象は、地球系霊団の最高大霊、主エル・カンターレ。世界百カ国以上の国々に信者を持ち、全人類救済という尊い使命のもと、信者は、「愛」と「悟り」と「ユートピア建設」の教えの実践、伝道に励んでいます。

（二〇一七年一月現在）

愛

幸福の科学の「愛」とは、与える愛です。これは、仏教の慈悲《じひ》や布施《ふせ》の精神と同じことです。信者は、仏法真理をお伝えすることを通して、多くの方に幸福な人生を送っていただくための活動に励んでいます。

悟り

「悟り」とは、自らが仏の子であることを知るということです。教学《きょうがく》や精神統一によって心を磨き、智慧《ちえ》を得て悩みを解決すると共に、天使・菩薩《ぼさつ》の境地を目指し、より多くの人を救える力を身につけていきます。

ユートピア建設

私たち人間は、地上に理想世界を建設するという尊い使命を持って生まれてきています。社会の悪を押しとどめ、善を推し進めるために、信者はさまざまな活動に積極的に参加しています。

国内外の世界で貧困や災害、心の病で苦しんでいる人々に対しては、現地メンバーや支援団体と連携して、物心両面にわたり、あらゆる手段で手を差し伸べています。

年間約３万人の自殺者を減らすため、全国各地で街頭キャンペーンを展開しています。

公式サイト **www.withyou-hs.net**

ヘレン・ケラーを理想として活動する、ハンディキャップを持つ方とボランティアの会です。視聴覚障害者、肢体不自由な方々に仏法真理を学んでいただくための、さまざまなサポートをしています。

公式サイト **www.helen-hs.net**

幸福の科学グループの教育・人材養成事業

ハッピー・サイエンス・ユニバーシティ

Happy Science University

ハッピー・サイエンス・ユニバーシティとは

ハッピー・サイエンス・ユニバーシティ（ＨＳＵ）は、大川隆法総裁が設立された「現代の松下村塾」であり、「日本発の本格私学」です。
建学の精神として「幸福の探究と新文明の創造」を掲げ、
チャレンジ精神にあふれ、新時代を切り拓く人材の輩出を目指します。

学部のご案内

人間幸福学部

人間学を学び、新時代を切り拓くリーダーとなる

経営成功学部

企業や国家の繁栄を実現する、起業家精神あふれる人材となる

未来産業学部

新文明の源流を創造するチャレンジャーとなる

未来創造学部

時代を変え、未来を創る主役となる

政治家やジャーナリスト、ライター、俳優・タレントなどのスター、映画監督・脚本家などのクリエーター人材を育てます。 ※

※キャンパスは東京がメインとなり、2年制の短期特進課程も新設します（４年制の１年次は千葉です）。2017年3月までは、赤坂「ユートピア活動推進館」、2017年4月より東京都江東区（東西線東陽町駅近く）の新校舎「HSU未来創造・東京キャンパス」がキャンパスとなります。

住所 〒299-4325 千葉県長生郡長生村一松丙 4427-1
TEL.0475-32-7770

教育

学校法人 幸福の科学学園

学校法人 幸福の科学学園は、幸福の科学の教育理念のもとにつくられた教育機関です。人間にとって最も大切な宗教教育の導入を通じて精神性を高めながら、ユートピア建設に貢献する人材輩出を目指しています。

幸福の科学学園

中学校・高等学校（那須本校）
2010年4月開校・栃木県那須郡（男女共学・全寮制）
TEL 0287-75-7777
公式サイト happy-science.ac.jp

関西中学校・高等学校（関西校）
2013年4月開校・滋賀県大津市（男女共学・寮及び通学）
TEL 077-573-7774
公式サイト kansai.happy-science.ac.jp

仏法真理塾「サクセスNo.1」 TEL 03-5750-0747（東京本校）
小・中・高校生が、信仰教育を基礎にしながら、「勉強も『心の修行』」と考えて学んでいます。

不登校児支援スクール「ネバー・マインド」 TEL 03-5750-1741
心の面からのアプローチを重視して、不登校の子供たちを支援しています。
また、障害児支援の**「ユー・アー・エンゼル!」運動**も行っています。

エンゼルプランV TEL 03-5750-0757
幼少時からの心の教育を大切にして、信仰をベースにした幼児教育を行っています。

シニア・プラン21 TEL 03-6384-0778
希望に満ちた生涯現役人生のために、年齢を問わず、多くの方が学んでいます。

ブログ blog.mamoro.org

学校からのいじめ追放を目指し、さまざまな社会提言をしています。また、各地でのシンポジウムや学校への啓発ポスター掲示等に取り組む一般財団法人「いじめから子供を守ろうネットワーク」を支援しています。

公式サイト mamoro.org
相談窓口 TEL.03-5719-2170

政治

幸福実現党

内《ない》憂《ゆう》外《がい》患《かん》の国難に立ち向かうべく、二〇〇九年五月に幸福実現党を立党しました。創立者である大川隆法党総裁の精神的指導のもと、宗教だけでは解決できない問題に取り組み、幸福を具体化するための力になっています。

幸福実現党 釈量子サイト
shaku-ryoko.net

Twitter
釈量子@shakuryoko
で検索

党の機関紙
「幸福実現NEWS」

幸福実現党 党員募集中

あなたも幸福を実現する政治に参画しませんか。

- 幸福実現党の理念と綱領、政策に賛同する18歳以上の方なら、どなたでも党員になることができます。
- 党員の期間は、党費(年額　一般党員5千円、学生党員2千円)を入金された日から1年間となります。

党員になると

党員限定の機関紙が送付されます。
(学生党員の方にはメールにてお送りします)
申込書は、下記、幸福実現党公式サイトでダウンロードできます。

住所:〒107-0052
東京都港区赤坂2-10-8 6階
幸福実現党本部

TEL **03-6441-0754**
FAX **03-6441-0764**
公式サイト **hr-party.jp**
若者向け政治サイト **truthyouth.jp**

出版メディア事業

幸福の科学出版

大川隆法総裁の仏法真理の書を中心に、ビジネス、自己啓発、小説など、さまざまなジャンルの書籍・雑誌を出版しています。他にも、映画事業、文学・学術発展のための振興事業、テレビ・ラジオ番組の提供など、幸福の科学文化を広げる事業を行っています。

アー・ユー・ハッピー？
are-you-happy.com

ザ・リバティ
the-liberty.com

幸福の科学出版
TEL **03-5573-7700**
公式サイト **irhpress.co.jp**

THE FACT
ザ・ファクト
マスコミが報道しない
「事実」を世界に伝える
ネット・オピニオン番組

Youtubeにて
随時好評配信中！

ザ・ファクト 検索

ニュースター・プロダクション

NEW STAR PRODUCTION

ニュースター・プロダクション（株）は、新時代の“美しさ”を創造する芸能プロダクションです。2016年3月には、映画「天使に“アイム・ファイン”」を公開。2017年5月には、ニュースター・プロダクション企画の映画「君のまなざし」を公開予定です。

公式サイト **newstarpro.co.jp**

入会のご案内

あなたも、幸福の科学に集い、ほんとうの幸福を見つけてみませんか？

幸福の科学では、大川隆法総裁が説く仏法真理をもとに、「どうすれば幸福になれるのか、また、他の人を幸福にできるのか」を学び、実践しています。

入会

大川隆法総裁の教えを信じ、学ぼうとする方なら、どなたでも入会できます。入会された方には、『入会版「正心法語」』が授与されます。（入会の奉納は1,000円目安です）

ネットでも**入会**できます。詳しくは、下記URLへ。
happy-science.jp/joinus

三帰《さんき》誓願《せいがん》

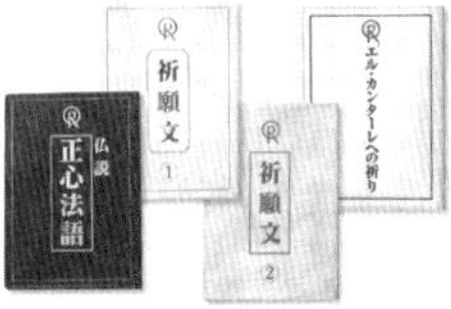

仏弟子としてさらに信仰を深めたい方は、仏・法・僧の三宝への帰依を誓う「三帰誓願式」を受けることができます。三帰誓願者には、『仏説・正心法語』『祈願文①』『祈願文②』『エル・カンターレへの祈り』が授与されます。

植福《しょくふく》の会

植福は、ユートピア建設のために、自分の富を差し出す尊い布施の行為です。布施の機会として、毎月1口1,000円からお申込みいただける、「植福の会」がございます。

ご希望の方には、幸福の科学の小冊子（毎月1回）をお送りいたします。詳しくは、下記の電話番号までお問い合わせください。

月刊「幸福の科学」　ザ・伝道　ヤング・ブッダ　ヘルメス・エンゼルズ　What's 幸福の科学

INFORMATION
幸福の科学サービスセンター
TEL. **03-5793-1727**（受付時間 火～金：10～20時／土・日・祝日：10～18時）
幸福の科学 公式サイト **happy-science.jp**